How to Not Die Alone : The Surprising Science That Will Help You Find Lov

哈佛×Google行為科學家的

脫單指南

洛根・尤里（Logan Ury）——著　孔令新——譯

目錄

CONTENTS

作者提醒

研究感情的學術文獻有個缺點，絕大多數的研究，皆是以順性別[1]異性戀情侶為主要研究對象。幸好，學者研究LGBTQ＋[2]族群的感情關係時發現，LGBTQ＋族群面臨的許多感情問題，和現有研究所探討的相同，因此亦適用同樣的忠告與建議。

撰寫本書時，我訪談了各種性傾向和性認同的人，想分享LGBTQ＋的愛情故事和約會經驗。本書提到的故事皆為真人真事，但有些人物乃是若干個體的綜合化身。你看到的名字是化名，人物的識別特徵經過變更、對話經過改寫。

完成書稿後，我接任交友軟體Hinge[3]的人際關係科學總監。藉由這份工作，協助好幾百萬的人提升約會成效。

本書提及的研究和意見，全是我個人的設計與看法。

前言　善用行為科學，順利找到伴侶

你可能會覺得，談戀愛不需買書來看。它應該是毫不費力、自然而然、而且與生俱來的能力。人是墜入情網，而不需要經過思考。愛是自發的化學反應，不是精心算計的決策。

然而，你現在卻捧著這本書，因為你希望能夠談場戀愛，但目前卻苦無結果。事實在於——「愛」或許是人的本能，但「交往」並不足。我們並非天生就知道如何選擇適合的伴侶。

如果我們天生就知道如何選擇適合的伴侶，我的工作就沒有存在的必要。我是感情教練兼媒人，畢業於哈佛大學（Harvard University）心理學系，長年從事人類行為和關係方面的研究。根據這些研究，我提出一套建構健康關係的方法，並稱之為「刻意戀愛」（Intentional Love）。「刻意戀愛」把愛情視為一連串的抉擇，而非因緣際會的意外。**本書主旨是「協助讀者明智地、**

---

1 編註：出生時的生理構造，和性別認同一致。

2 編註：L：女同性戀者（Lesbian）、G：男同性戀者（Gay）、B：雙性戀者（Bisexual）、T：跨性別者（Transgender）、Q：酷兒（Queer，泛稱所有不是順性別異性戀的族群）或對其性別認同感到疑惑者（Questioning）、＋：其他未提及者。

3 編註：曾被美國網站cnet評為「最適合想要找認真關係」的交友軟體。

目標明確地談戀愛，可以看清自己的壞習慣、調整交往技巧，並進行重要的關係對話」。

美好的關係是建構出來的結果，而非緣分降臨的巧遇。「長久的關係」並不會憑空降臨，它是一連串選擇產生的結果，包括何時開始尋找對象，和誰交往、遇到錯的人要如何分手、遇到對的人要何時安定下來，以及這些考量之間的各種選擇。好的選擇能替你譜寫幸福的愛情篇章，不好的選擇會使你離幸福更遠，一再陷入有害的感情迴圈。

用Google都在用的行為科學教你談戀愛

我們經常不知道自己為何會做出某些抉擇，接著就導致錯誤，而這些錯誤也可能阻礙我們尋找對象。對此，我們可以借鑒行為科學的研究成果。

行為科學研究人類如何做選擇，把我們的心理層層剝開與窺探，試圖了解我們為何會輕易做出某些抉擇。在此破哏一下：其實我們並不理性。我們經常做出不符合自身最佳利益的抉擇。

我們在生活各層面都不理性。像是一邊說要存退休金，一邊刷爆信用卡做公寓裝潢；告訴自己要多運動，結果卻把跑步機當掛衣架。無論我們設定目標的頻率多高、意志多堅決，但仍舊敗在自己手中。

幸好，不理性不等於一片混亂。大腦使我們誤入歧途的模式有規律可循。行為科學家運用這些知識，協助我們改變自身行為，邁向更幸福、更健康、更富裕的人生。

我有段時間曾在Google發揮我的行為科學專業，和傑出的行為科學家丹・艾瑞利（Dan Ariely）在Google經營一個「非理性實驗室」（Irrational Lab）的團隊。該團隊的名稱乃是向艾瑞利的著作《誰說人是理性的！》（*Predictably Irrational*）致意。我很喜歡與這個團隊共事，我們攜手做實驗，一同研究人類行為。

然而，當時我心中另有所慮。那時我才二十歲出頭，單身，面對人生最根本也最常見的挑戰——要如何找到愛情，維持愛情？

我向來對交往、關係和性愛方面的研究很感興趣。念大學的時候，曾撰寫一篇標題為〈A片要狂野〉（Porn to Be Wild）的論文，研究哈佛大學部學生觀看色情影片的習慣。在經營非理性實驗室的數年前，我在Google的第一份工作正是管理情色業者和情趣用品業者的Google Ads帳戶，包括色情廣告Bang Bros、花花公子（Playboy）和Good Vibrations。大家都稱呼我們團隊為「情色之艙」（Porn Pod）。

我對感情關係的好奇源自童年。我成長在幸福美滿、充滿關愛的家庭，但在十七歲那年，父母突然離婚。我對「從此幸福快樂」的幻想破滅，不再把婚姻的長久美滿視為理所當然。

當時我單身。交友軟體剛出現，經常在上面到處瀏覽。我發現身邊的朋友也面臨同樣困境。

我們已從第一款iPod（經典廣告詞：「將一千首歌裝進你的口袋裡[4]！」）的時代，進展到人手一支智慧型手機的年代，一千個潛在約會對象就裝在你的口袋裡。我們不一定要和住家附近的某某某結婚，因為網路上有數以千計的單身男女任君挑選。

因此，我在工作之餘規劃了一項專案，名叫「Google演講：現代戀愛」（Talks at Google: Modern Romance），邀請多位講者做一系列的演講，探討現代戀愛和現代感情的挑戰。我和世界知名的專家進行訪談，討論線上交友、數位時代的溝通、一夫一妻制、同理心和婚姻幸福的祕訣。不出數小時，數以千計的Google員工登記加入這系列演講的電郵通知名單。訪談上傳YouTube後更獲得數百萬次觀看。顯然，面臨這種困境的人不僅限於我和我的朋友。

有一晚，一位陌生人走過來對我說：「我看了你討論多重伴侶關係的演講，我原本不知道還可以有這樣的關係。你的演講改變了我的世界。」那刻，我明白自己的努力能發揮影響力。我找到了我的使命。

但我不想當那種說話毫無科學根據的戀愛大師，於是我捫心自問：我是否能運用在Google養成的行為科學工具，協助大家做出更好的感情決策？

找出戀愛盲點，靠行動開始脫單

我在科技業工作近十年後辭職，開始幫助人尋找並維持長久的關係。我認為我們之所以在感情路上跌跌撞撞，是因為在選擇時，犯下一些出於本性的錯誤。行為科學可以彌補這個空缺，幫助你改變自身行為，打破有害模式，找到長久的愛情。

挑選伴侶本身就已經相當不容易。文化包袱、無用建議、社會壓力和家庭壓力更使它難上加難。但從前不曾有人運用行為科學教人談戀愛。這可能是因為，我們認為愛情是一種無法用科學分析的神奇現象，也可能怕招來這樣的批評：「誰會用理性談戀愛？」但我並不是要把你變成高度理性的超級電腦，分析所有可能的配對，然後輸出能找到靈魂伴侶的解決方案。**我要做的是，幫助你克服阻礙愛情的盲點並改變行為。**

改變行為有兩個步驟。

第一步是探討你的戀愛抉擇，受到哪些隱形力量影響。這些不良影響會釀成嚴重的錯誤，例如一直想著會不會遇到更好的人，而拒絕投入感情（第四章），追求短期伴侶而非人生伴侶（第七章），或一直在糟糕的關係裡歹戲拖棚（第十四章）。然而，了解不等於行動（例如我們都知道不該找渣男或女神[5]交往，但這不會降低他們的吸引力），**你必須採取實際行動**。本書將介紹

4 史蒂夫．賈伯斯（Steve Jobs），引用於Tony Long, "Oct. 23, 2001: Now Hear This…The iPod Arrives," Wired, October 23, 2008, https://www.wired.com/2008/10/dayintech-1023/.

5 譯註：原文是manic pixie dream girls，電影裡常出現的女性角色，形容夢幻、不食人間煙火，帶領男主角探索人生意義，協助他成長的療癒系女友。

經過驗證的有效技巧，幫助你把知識轉化為行動。

第二步則是設計一個新的模式，改變你現在的行為，讓你順利進入一段關係。每章皆提出有實證基礎的框架和練習，協助你做出重要的感情抉擇。

建立長久關係的流程

閱讀本書時，你會發現自己並不孤單。你不是唯一面對這些疑慮的人。像你這樣的人、你的問題與擔憂，大家都會遇到。

雖然感情難以捉摸，但你可以透過大腦與情感的相關研究，了解其優勢及弱點，進而做出更深思熟慮的決定。「刻意戀愛」的基礎，正是關係科學（建立長久關係之道）和行為科學（貫徹意圖的方法）。

我會介紹一套明確的流程。呈現「流程」能夠讓人安心，而且這套流程不只對我過去的客戶有效，也能使你受益良多。

第一～七章：找出你的感情盲點

一開始會先探討，為什麼這個時代談戀愛比過去困難，接著進行一項小測驗，找出你的感情盲點，因為你可能有著阻礙愛情的行為傾向，但卻不自知。然後我會分析這些行為傾向如何影響你的感情生活，並教你如何克服。接著是探討依附理論，分析它對你和伴侶之間相處方式的影響。我會告訴你，一個長期伴侶應該具有哪些特質，這些特質很有可能和你想的不同。

第八～十二章：從網聊到見面的實戰技巧

接下來會深入探討交友軟體，協助你辨認和克服談戀愛的障礙。你將會更懂得善用交友軟體、甚至約出來見面，還懂得安排一場不像求職面試的約會。你會學到一個更好的方法，用來判斷要和誰再約下一次。

第十三～十八章：如何讓關係長長久久

接著將討論如何面對感情中的重大關卡，包括定義關係和是否同居等等。我會告訴你如何決定分手、如何分手、如何挺過分手後的心碎時刻。如果關係發展到一定程度，你可能會思考：「我們該結婚嗎？」最後一章會回答你這個問題。最後則是如何透過每天關注彼此、讓關係隨著雙方成長而進步，營造一段長期的美好關係。

嘗試點不一樣的方法

讀這本書是為了找到愛情。你或許已經和不同的人交往過，但他們卻無法讓你呈現最好的自己，使得你失望且孤單；或許你因為課業、工作、家庭或人生的各種複雜狀況，而沒有任何交往經驗，但你很清楚你希望能找到對象。

我可以協助你踏出這一步。希望你把我當成你的感情教練，跟著本書的指示做練習（真的有效！），讓我有機會改變你的心理。你以前都照自己的方法做事，何不嘗試點不一樣的方法？長久且溫暖的感情關係，很可能就在另一頭等著你！

第一章　脫單好難?!

——現代交友遇到的困境

每個世代皆面臨獨特的挑戰——像是戰爭、景氣蕭條。談戀愛亦是如此。從古至今，每個時代的人類都曾哀嘆愛情，但今日的單身人士，可能說得更有道理：「現在要談戀愛，比過去更難。」若你媽下次再叫你趕快找對象安定下來，就告訴他這句！

本書提供解方，幫助你面對人生最艱難的感情選擇，但在講解前，我想先說明背景知識，解釋為何在現代談戀愛很難。如果找對象讓你感到壓力很大，原因如下。

伴侶不是父母安排，而是靠自己選擇

從前，我們祖先的人生受宗教、社群和社會階級主宰[1]。他們的人生道路清楚明瞭，但無法自由選擇。他們受到出生地和原生家庭的限制，可能從小就知道長大後要從事紡織貿易、住在布

加勒斯特（Bucharest），吃符合猶太教規的食物、上猶太會堂聚會，抑或是在上海市郊務農，靠自己的家畜和作物維生。而尋找伴侶的原則，就是看誰的嫁妝多——就是能拿出最多土地或駱駝的人[2]。

在今日，我們能選擇自己要什麼[3]。現代人的人生，是一條自己闖出的道路。過去的人不用衡量自己要住哪，或要從事何種工作。但現在的我們，必須自己做抉擇。因此，我們享有自由決定的空間，可以選擇住在英國或美國、選擇當氣象學家或是數學家，但這份自由，卻使我們的人生充滿不安定。每當深夜，智慧型手機發出的藍光照亮我們的臉，我們思考著：「我是誰？我這一生要做什麼？」我們擁有自由和無數選項，但這也令我們深感恐懼，害怕搞砸追求幸福的終生任務。若我們掌握一切責任，沒做好的話，也只能怪自己；若失敗了，那就肯定是自己的錯。

從前，通常交由父母和所屬群體安排的事，今日成為我們人生中一大難題：「要挑誰做人生的伴侶？」

選項太多讓人無所適從

我們正經歷戀愛文化的重大改變。一八九〇年代以前，並沒有所謂的談戀愛[4]。網路交友是起於一九九四年推出的Kiss.com以及一年後的Match.com[5]。手機交友軟體也才出現不到十年。

若你感覺我們身處在大規模的文化實驗，那是因為，這本來就是。

我們挑選對象的範圍不再限於職場、教會或街坊鄰居。現在，在手機上可以一口氣滑過數百名潛在伴侶。可是，看似無窮盡的選項卻產生一個缺點。史華斯摩爾學院（Swarthmore College）榮譽教授貝瑞・史瓦茲（Barry Schwartz）等心理學家證明，雖然人渴望有選擇，但太多選項可能會降低人的幸福感，令人懷疑自己的決定。這種現象稱為「選擇的弔詭」（paradox of choice）[6]。

大家都猶豫不決，就像在甜點店時，排你前面的那個傢伙，遲遲無法決定要買哪種口味（他還跟店員說：「我可以全部都再試吃一遍嗎？」）。我們深受分析癱瘓（analysis paralysis）的殘害。挑選人生伴侶更是如此。

☺無法確定選擇的是不是對的人

你最近透過網路研究什麼商品？要買哪隻電動牙刷？弟弟換新公寓，要送他哪款藍芽音響？我們身處資訊爆炸的社會，以為能用網路研究，就能帶給我們舒適生活。我們可能會覺得，只要多Google搜尋幾次，就能做出完美決定。無論是挑選道地的墨西哥捲餅店，還是性能最佳的真空吸塵器，都有無數的評價和評論可以查詢。我們覺得，如果研究所有選項，就能做出正確的決定。

人可能會沉迷在這種確定感，渴望感情生活也是如此。但這種確定感，並不存在於感情生活。「我該和誰在一起？」、「我該退讓多少？」、「他們是否會改變？」這種問題沒有「正確解答」。無論透過Google研究多少次，都無法知道他是不是好伴侶。做出重大感情抉擇之前，我們不可能完全肯定。慶幸的是，沒有完全確定也能得到幸福。美好的關係是建構出來的結果，不是從天而降。但我們可能落入心理陷阱，認為只要理清數以百計的選項，就更能確定眼前的人，是不是對的人。

社群媒體造成的「比較心態」讓人產生絕望感

古人住在人際連結緊密的村莊，看著其他情侶相愛、吵架、分手，沒有所謂的私人問題[7]。今日，他人呈現在我們眼前的感情關係，多半是演出來的。像是精心設計好的、配上Instagram濾鏡的社群媒體動態——某人在登山途中，激動宣布訂婚的貼文、或是寶寶酣睡在胸前的度假照片。這讓人覺得，彷彿只有自己的感情生活，經歷撕心裂肺的痛（而且燈光氣氛還沒那麼美），但其他人的感情生活都很美滿。這時我們就陷入，為何別人都這麼幸福，但自己感情卻陷入痛苦掙扎（或根本談不了戀愛）。這種感覺更加劇我們的痛苦。男人對此的感受更深，因為男人的社交網絡通常較小，較少機會和別人訴說恐懼。加上男人比較少和朋友談論自己遇到的問題，要到後來才發現，其實在不同的時間點，大家都經歷類似感情問題。

我們缺乏感情榜樣

我們都想盡可能成為好的伴侶、盡可能建立良好關係，但許多人很少見證運作良好的關係，尤其是年紀小的時候。

離婚率在一九七〇年代至一九八〇年代初達到高峰。雖然之後離婚率下降，但我們許多人都成為艾絲特・沛瑞爾（Esther Perel）所說的「父母離婚且幻滅的孩子[8]」。美國有五〇%的婚姻以離婚或分居收場[9]，四%的已婚伴侶表示，這段關係令他們感到痛苦[10]。全部加起來看，大多數的已婚人士選擇終止關係[11]，要不就是痛苦忍受[12]。

這是一個問題。許多研究證明榜樣的重要。看其他人做一件事後，就更容易相信這件事可以達成，無論是四分鐘以內跑完一英里（相當於一・六公里），還是十分鐘以內吃完七十三條熱狗。又例如，在女性專利持有人眾多的地區，在這區長大的女性，成為發明家的機率較高，而且她們申請的專利類別，很有可能與附近的前輩女性發明家一樣[13]。

感情方面也是如此。大家都想建立長久又美滿的伴侶關係，但如果缺乏感情上的參考榜樣，達成目標就更困難。我有許多客戶都坦承，自己不知道健全關係的日常相處長什麼樣子，像是一般的情侶如何解決爭吵？幸福的情侶如何一起做決定？要如何與另一個人共度餘生？這是因為，他們不曾見到父母做這些事。

即使想建立良好關係，我們仍有可能陷入困境，因為許多人從沒看過良好的關係運作。

比以往更多元的感情關係種類

今日所面臨的許多感情問題，是牧養駱駝的祖先壓根兒不曾想過的，例如：「我們是情侶還是炮友？」、「我應該現在分手，還是等到結婚旺季結束再說？」我們和密友一起煩惱，是不是真的喜歡新對象，或因為第一次約會不順而感到疲憊不堪。

拜可靠的避孕技術和生育科學所賜，我們現在有新的問題可以思考：「我要生小孩嗎？如果要的話，什麼時候生？」（原始社會的採獵者不太可能煩惱這種問題）。

除了科學進步以外，人類的交往和長期關係的模式愈來愈多元。我們思考許多不同的問題：人類是單配偶物種嗎？單配偶制的定義是什麼？

某種角度來說，這些問題的確振奮人心。誰不想感受自由，掌控命運？但超過某種程度的話，這些選項和機會不再使我們感到自由，反而開始令人不知所措。

做出「正確」選擇的壓力

更糟的是，我們不斷接收到要我們做出正確選擇的訊息。無論是臉書（Facebook）營運長雪柔．桑德伯格（Sheryl Sandberg，她說：「我堅信女人最重要的職涯決策，就是要不要找人生伴侶，以及要找誰當人生伴侶[14]。」）還是我們的父母（你可能聽過：「不要重蹈我們的覆轍！」），大家都強調這個選擇絕對不可以做錯！

我們可能會覺得，自己的一生取決於這個重大選擇——挑結婚對象。女性的感受特別明顯，因為如果女性想在某個年紀之前生小孩的話，就會面臨擇偶的時間壓力。

如果要掌控自己的感情生活，必須更了解自己：「了解我們的動機為何、為何有疑惑、遇到什麼障礙。」這就是發揮行為科學作用的時候，也是本書的宗旨。

幸福關鍵

一、在這個時代談戀愛，比過去困難多了。

二、困難的原因如下：

- 過去的人因為原始社會的所屬群體身分，注定了人生的走向；但現今的我們可以定義自己是誰，也必須自行做出人生的所有選擇。

- 現在擁有數以千計的選項，使人質疑自己的抉擇正確與否。
- 面對重大抉擇，但又無法透過研究取得正確解答時，便感到焦慮。
- 社群媒體使我們以為其他人的感情都比自己來得健康與幸福。
- 我們很少看到關係良好的榜樣。
- 現代人交往與長期關係的模式，遠比過去多元。
- 大家都說我們必須做出「正確」的決定，而正確的決定是存在的嗎？

三、雖然談戀愛如此困難，但我們還是有希望透過行為科學，掌控自己的感情生活。

第二章

三大感情心態

——發現你的感情盲點

看著身邊的人，你是否曾想過：「為什麼大家都能找到對象，就我還沒？我喜歡我的工作，我喜歡我的朋友，我喜歡我自己。但是，為何在人生中，就缺了愛情這一角？」

幾乎所有的客戶，都跟我講過類似的話。我發現許多客戶有感情盲點，也就是「他們擁有某種行為模式，在不知不覺中，阻礙找到對象」。

我把最常見的盲點分成三大感情心態，每種心態都帶有不切實際的期待——對自己的期待、對伴侶的期待、對關係的期待。

請做以下的小測驗，判斷自己屬於哪一種心態。這能幫你找出感情路上的障礙，並打破既有的壞習慣，培養新習慣。在與人建立關係的各個階段，你的心態都會影響你的行為！所以，尋找對象的第一步，就是了解自己的心態。

三大感情心態測驗

測驗說明：

請閱讀下列各個敘述，判斷符合你情況的程度，圈選適當的數字。

英文版線上測驗

1.非常不符合　2.有點符合　3.非常符合

問題	答案	
1	1 2 3	初次見面時，遇到的對象沒有讓我感到心動，我就不想與他二次約會。
2	1 2 3	約會時我可能會思考：他是否符合我的標準？
3	1 2 3	要等自己準備好，改善自身條件後，才準備去約會（例如：減重10公斤或收入穩定後）。
4	1 2 3	我希望和對方，擁有浪漫的邂逅故事。
5	1 2 3	做出重大購買決定前，我通常會閱讀評論。
6	1 2 3	我現在沒有時間約會。
7	1 2 3	我認為有個完美的對象在等我，只是還沒出現。
8	1 2 3	做決定時，我通常會反覆思考所有選項。
9	1 2 3	朋友告訴我要勇於嘗試。
10	1 2 3	我認為在交友軟體上認識不浪漫，因為我想和對方用更自然的方式見面。
11	1 2 3	我從來不退讓，並以此為榮。
12	1 2 3	我很少約會。
13	1 2 3	我不認為感情的火花可以隨時間成長。要不是起初就感覺到，要不然就沒有。
14	1 2 3	當我遇到對的人，心裡就會知道，因為我會有完全肯定的感覺。
15	1 2 3	如果要吸引最好的對象，首先我必須成為最好的人。
16	1 2 3	愛是一種直覺，感覺來了就會知道。
17	1 2 3	朋友認為我太挑。
18	1 2 3	我現在專注在事業，之後再想感情的事。

計分說明：

一、浪漫派：從第一題開始，每隔兩題把分數加起來（把1、4、7、10、13、16題的分數加總），得分是＿＿＿＿。

二、完美派：從第二題開始，每隔兩題把分數加起來（把2、5、8、11、14、17的分數加總），得分是＿＿＿＿。

三、猶豫派：從第三題開始，每隔兩題把分數加起來（把3、6、9、12、15、18的分數加總），得分是＿＿＿＿。

分數最高的那項，就是你的感情心態。

測驗結果說明：你是哪一派？

一、浪漫派：你想找靈魂伴侶，從此過著幸福快樂的日子，彷彿童話故事一樣。你喜歡愛情的美好，你相信自己單身是因為還沒遇到對的人。你的座右銘是：愛會在命中注定的時候到來。

二、完美派：你喜歡研究、探索所有選項、翻遍所有可能性，直到自認為找到對的人為止。你謹慎地做出選擇，下決定前希望能百分之百確定。你的座右銘是：為什麼要退而求其次？

三、猶豫派：你認為自己還沒做好準備去交往，因為你覺得自己還不夠好。你用高標準衡量自己。你想等完全準備好後，才開始新計劃，面對感情也是如此。你的座右銘是：等我成為好的人再說。

盲點解析：

雖然三者看起來差異很大，但浪漫派、完美派、猶豫派都有共同點——不切實際的期待。

浪漫派對感情抱持不切實際的期待。

完美派對伴侶抱持不切實際的期待。

猶豫派對自己抱持不切實際的期待。

如果你不只一種心態得到高分，請重讀每個心態的描述，選出最符合你的描述。若還是無法判斷，把這三個心態的描述，拍下來傳給值得信賴的朋友。用來證明這個測驗準不準時，我發現，請朋友辨認比自己所想得更準。記住，這些是盲點！朋友經常可以看出我們不自覺的行為模式。

接下來的好幾章，會更詳細介紹每一種心態，並說明每種心態的人會遇到的挑戰，我會提出克服方法給你。建議各位把這三章都讀完，因為這些章節的內容，對大家都有好處，也可以協助你了解不同心態的約會對象。

幸福關鍵

一、許多人擁有感情盲點，他們的行為會阻礙自己認識對象，但卻不自知。

二、我把最常見的盲點，分成三大感情心態。每一種心態的人，都被不切實際的期待所害。

- 浪漫派：對感情抱持不切實際的期待。他們想找靈魂伴侶，希望從此過著幸福快樂的生活，就像童話故事一樣。
- 完美派：對伴侶抱持不切實際的期待。他們喜歡探索全部選項，希望能完全確定做出正確的選擇。
- 猶豫派：對自己抱持不切實際的期待。他們認為自己還沒做好交往準備。

三、了解自己的心態，有助於找出阻礙，並探索克服盲點的方法。

第二章

別被童話故事騙了

——打破尋找靈魂伴侶的迷思

初期會談時，才過了二十分鐘，我的客戶瑪雅就開始流淚道：「我知道他存在，他只是還沒找到我。」

「他」是誰？是她的靈魂伴侶、他的另一半、真命天子。瑪雅不斷地說這個男人將實現她所有的願望，她認為有朝一日會找到這個完美男人。

我問她現在找對象的方式，她說：「我想自然而然地認識。用交友軟體找對象，對我而言一點都不浪漫。為什麼要這樣干涉命運呢？」

瑪雅留著烏黑的長髮，每天早上上班前要花一小時吹乾。她講故事的時候，會挑起烏黑的眉毛以表示驚訝，咧嘴而笑以露出閃亮的牙齒，使故事細節更顯誇張。她父母是伊朗裔移民，結婚三十五年。她說父母「婚姻幸福美滿」，她也想要這樣的婚姻。

她交過幾任男友——大學時期一名、畢業後兩名，但都沒有結果，最後都以分手收場。「遇到對的人我就會知道。」她拱起眉毛說道。她小時候重覆看《美人魚》（*The Little Mermaid*）等迪士尼動畫錄影帶，希望著自己也能「從此幸福快樂」。

瑪雅是典型的浪漫派。浪漫派的人覺得愛情會自然而然地發生，並認為自己目前單身是因為還沒遇到對的人。他們不一定認同童話故事，但卻希望自己的人生能像童話故事一樣。他們認為完美的對象，有朝一日會從天而降，所以只需等待時機到來。一旦白馬王子或灰姑娘出現，就是愛情了。太美好了！請DJ下席琳．狄翁（Céline Dion）的音樂！

◡ 童話故事帶來不切實際的想像

就算是無可救藥的浪漫派又怎樣？誰在乎？但我在乎。你也應該在乎。行為科學告訴我們，擁有什麼心態很重要。我們的態度和期望，創造出我們的經驗。一個人的經驗會影響他自己解釋資訊或做選擇的方式。

心理學家瑞內．弗蘭尼克（Renae Franiuk）發現人類面對感情關係時有兩種心態[1]。有「靈魂伴侶心態」的人，認為感情關係要美滿，就必須找到對的人；有「克服困難心態」的人，認為感情關係的成功來自努力經營。

可想而知，浪漫派的人具有靈魂伴侶心態，這影響到他們在感情關係每個階段的行為。

首先，這種心態會影響到他們找對象的方式。我問瑪雅，她認為自己為什麼單身，她說：「因為還沒來」。在瑪雅的心目中，愛是到來的，就像雷擊一樣。所以幹嘛努力嘗試？浪漫派的人等待對象，而不努力創造機會。我曾有一個女性客戶，每次搭飛機都會精心打扮，期待同班機上會出現「未來丈夫」，但卻拒絕主動搭訕，以免對方認為太刻意。

其二，這種心態影響到要怎麼挑約會對象。抱持靈魂伴侶心態的人，通常對於理想對象的外表有具體的想像。會談中，瑪雅不假思索地列出未來丈夫的外表特質：「金髮碧眼、身材健康、有點肌肉但不能太多、身上有品味十足的刺青、頭髮稍長、相貌英俊但又帶有粗獷、有壞男孩的樣子、身高至少要一八〇公分、手要漂亮、指甲要長。」

浪漫派對未來伴侶的外表有具體的想像，所以遇到的人不符合想像時，他們就不會給對方機會。因此，他們錯失許多優秀的潛在對象。

與心中認定的「真命天子」開始交往後，他們過高的期望可以推動關係的發展。但雙方交往時難免遇到問題，例如發生激烈的爭執。遭遇困難時，他們選擇放棄這段關係，而不是努力克服障礙。

瑪雅的浪漫派心態，說明了為什麼她前幾段感情都陷入困境。她回想：「每段關係中，我最後都會覺得：『等等，為什麼這麼困難？』談戀愛應該是輕鬆不費力的，對不對？他一定不是真命天子。」

相較之下，抱持克服困難心態的人，認為維繫兩人感情需要花心力，「談戀愛」是行動後產生的結果，並不是自然而然會發生的事情。這種人的感情生活通常比較順遂，因為他們遭遇困難時，會努力修復關係，而不是放棄關係。

如果你是浪漫派，而且想尋找長久的感情關係，就必須脫離童話故事的影響，以克服困難的心態面對新的人生章節。

抱有不切實際的期待，會阻礙我們認識對象

認為「婚姻」能夠寫出熱情洋溢又偉大愛情故事的人，不一定是浪漫派。我們許多人都有這樣的願景，但事實並不是總是如此。

其實，歷史上絕大多數時期，不是因為愛情而結婚。婚姻的目的是為了經濟和便利。例如：對方父親的土地緊鄰你爸的土地，因為你家裡窮，對方向你家獻上十二頭牛換取婚事。

婚姻史學家史蒂芬妮・孔茨（Stephanie Coontz）解釋道：「十八世紀末以前，世界上絕大多數的社會，把婚姻當作重要的經濟和政治制度，不能完全交由男女雙方自主決定，更別說重要的決策基礎，竟然要建立在愛情這種缺乏理性又稍縱即逝的事[2]。」

從古代詩詞中可以看出，人類自古以來便有愛情的經驗。四千多年前蘇美文明的《舒辛情

歌》（*Love Song for Shu-Sin*）是公認全世界最古老的情詩[3]。作者寫道：「獅子啊，讓我撫摸你／我珍重的撫摸更勝於蜂蜜」。人類史上多數時期，愛情並非婚姻的一部分。人可能在婚姻之外體驗愛情，可能和鄰居外遇，或深深暗戀鎮上的鐵匠[4]。

哲學家艾倫・狄波頓（Alain de Botton）研究在歷史上人類對愛情觀點的變化。他創辦人生學校（School of Life），以短期訓練課程教授學員如何建立有意義的人生。他也寫過兩本深刻討論愛的小說——《愛情筆記》（*On Love*）和《愛的進化論》（*The Course of Love*）。

訪談中，狄波頓向我解釋我們的祖先對愛情的觀點[5]：「他們把愛情視為一段激情的片刻，猶如生病一樣，是一種欣喜若狂的片刻。愛不屬於日常經驗……幾乎像是一種朝聖，有些人的一生可能只會經歷一次。古人普遍認為，感受到愛情不代表要採取實際行動。人應該讓愛情像水一樣，自然沖刷過去，可以在青春時期，讓愛情主導自己的心去度過一個深刻的夏天，但愛情不是要不要結婚的根據。」

一七五〇年左右，才開始流行以愛情為目的的婚姻[6]。這一切起源於浪漫主義時期（Romanticism）。浪漫主義是一種起源於歐洲的思想，最後傳遍全世界。浪漫主義哲學家開始詩情畫意地描述愛情，把愛情從一種「疾病」昇華成一種「長期關係應具備的新典範」。工業革命更是將這種新模式推向主流社會[7]。隨著機械普及和財富擴散，終於可以強調是個人情感決定了婚姻，而非滿足基本需求。

好幾個世紀後，浪漫主義仍然人大影響我們對愛情的看法。下列各種浪漫主義思想[8]，哪些是你認同的？

- 愛是一種直覺，感覺來了就會知道。
- 遇到靈魂伴侶時，我們會一見鍾情。我們只會受到他們的吸引，他們也只會受到我們的吸引。
- 我們的靈魂伴侶會感應我們的想法，預先知道我們的需求。
- 結婚後，我們會永遠處在熱戀狀態。
- 我們唯一真正需要的人是靈魂伴侶。他們可以扮演我們身邊中的每個角色，是我們最要好的朋友、是我們的旅行夥伴、是我們的深情戀人。
- 性生活美滿代表婚姻幸福。性生活不順或性行為頻率低（或甚至出軌）代表關係注定破滅。
- 談錢就太俗氣了，愛情本來就不須考量生活務實層面。

若上方想法認同的愈多，就代表你受浪漫主義洗腦愈深（如果你全都認同，我想向你借用玻璃高跟鞋和南瓜馬車）。

如果當一個人希望感情關係要這樣發展，就會培養出一種靈魂伴侶的觀念，就像瑪雅一樣。他們浪費多年等待「真命天子」，對愛情有不切實際的想法，拒絕任何不符合期待的對象。

長年強化浪漫主義的多情思想元凶，就是電影和電視劇。這些關於愛情和長期關係的想法，非但錯誤，更是有害（你想想，在雨中親吻其實很冷又不舒服）。下方列出主要元凶及教你怎麼轉變觀念。

強化浪漫派心態的原因一：白馬王子與公主

「真命天子」等著你，而且外表和你想像得一模一樣。

迪士尼告訴我們，有一天我們會對自己的白馬王子或公主一見傾心。這種觀念不只殘害異性戀女性，就我的經驗，浪漫派的人不分性別、不分性傾向。他們等待完美的對象出現，這位對象有可能是利用工作之餘輔導寄養孩童的男建築師，有可能是擁有博士學位的女模特兒，具備一切正面特質，完全沒有缺陷。

迪士尼動畫片裡的角色，在不了解對方的情況下就墜入愛河。在《美人魚》中，艾瑞克王子（Prince Eric）只知道愛麗兒（Ariel）是個可愛迷人的紅髮美女，上半身孔武有力，能在翻船時將他拉回岸上。他就這樣愛上她了？《灰姑娘》（*Cinderella*）裡，女主角看王子會跳舞，而且撿到東西會物歸原主，於是就愛上他了！對我而言這很膚淺。

學習轉變觀念：沒有完美的人

我跟你說，就連白馬王子早上起床時也會有口臭。

沒有人是完美的，你也不完美。聽不懂我在說什麼？請想想上一次是什麼時候你辜負別人（若你想不到自己的缺點，請聯繫你的兄弟姊妹，他們一定很樂意和你說）。

你必須放棄這種追求完美的觀念。

你可能和瑪雅一樣，心中對未來的妻子或丈夫有某種想像。這種想像可能來自於小時候暗戀的鄰居男孩，或是最喜歡的電影明星。但現在你必須認清，這個人和你的期望可能有所差異。或許這個人比你想的更矮、更高、更胖、更瘦、更黑、更白、頭髮更多或更少。這種對理想對象的狹隘想像，使你無法看見眼前的機會。如果你不完美，對方為什麼要完美？不要再雙重標準了！

強化浪漫派心態的原因二：故事結尾的「從此幸福快樂」

「找到對方」是愛情中最困難的地方，找到以後一切就簡單了。

在童話中或是迪士尼動畫片中，描述情侶結婚之前遇到的挑戰——追求的過程、百般阻撓的邪惡女巫。但一旦擊敗敵人、終成眷屬後，兩人遇到的挑戰就結束了，從此過著幸福快樂的日子，對不對？

錯。我把這稱為「從此幸福快樂謬誤」——認為談戀愛的困難點，就是找到真命天子。

學習轉變觀念：任何感情關係都需要努力經營

感情關係不可能一帆風順。再健全、再美滿的感情關係，都需要努力經營。

找到對方可能是一件難事，但真正的挑戰通常在後面。最困難的是，天天努力增進並維持美好的感情關係；或是結婚三十年、養育兩名子女、甜蜜期早就結束後，傍晚看到對方仍會有興奮的感覺。又或是，經歷人生各種規劃、財務、情緒和精神上的挑戰後，仍然記得為什麼你愛他。

強化浪漫派心態的原因三：浪漫喜劇的「美麗邂逅」

別擔心，「愛」會主動找到你，而且很有可能會用美麗邂逅的形式出現，讓你可以和朋友分享。

浪漫喜劇也算是迪士尼童話故事，只是觀看對象變成是有能力購買電影票的成人，或是喜歡笨拙英國男人的人（柯林・佛斯〔Colin Firth〕這型）？。我們都知道，浪漫喜劇不是真實人生，但劇情仍然會偷偷摸摸地鑽入我們的集體潛意識，尤其是「美麗邂逅」的觀念。在浪漫喜劇中，男主角和女主角初次見面的情景，就是一場美麗的邂逅，通常發生在日常生活當下，例如上市場買菜的時候，你正好去拿那顆完美的番茄時，旁邊英俊的陌生男子剛好也伸手去拿。這一刻！你們的眼神交會了。他說他需要那顆番茄來做奶奶的普切塔麵包（bruschetta，他用那誇張的義大利口音講出這個字）。你表示可以把番茄讓給他。他就問是否能請你一杯卡布奇諾做為感謝，你答應了。十一個月後，你們經歷一次大吵架、一次大動作示愛，他在紐約甘迺迪機場（JFK Airport）的航廈追著你跑，不顧機場保安人員的包夾，祈求你不要搭上飛往首爾（Seoul）的班機赴廣告公司任職。

浪漫喜劇令人誤以為對象會自動出現，而不是你去找到對象，以為一見鍾情是真的，以為只須過著平凡生活（然後在市場大採購），有朝一日未來的丈夫或太太就會神奇現身。我知道現實生活中有許多認識陌生人的場合，在聚會上、活動上、甚至示威遊行中都有可能認識別人，但這種思維的問題在於，它使人覺得自己的對象會從天而降。

學習轉變觀念：比起癡癡等邂逅，努力創造機會才重要

兩人相愛是努力的結果——從尋找對象到維繫感情，我們都須付出努力。在市場裡癡癡等待是不夠的。你必須付出心力尋找對象（別擔心！本書第八～十二章會介紹如何尋找對象）。感情

關係的魔力，不在於浪漫邂逅，而是在於兩位陌生人結合為一，共創生活，然而相識的地點和方法並不重要。

強化浪漫派心態的原因四：社群媒體上的假象

感情關係不費心力就能輕鬆得到，並且充滿性愛的歡愉（伴隨燈光美氣氛佳）。迪士尼動畫片和浪漫喜劇至少坦承自己是虛構的。許多層面上，社群媒體才危險，因為社群媒體把謊言包裝成現實生活。社群媒體充滿精心設計過的影像，勾勒出完美的感情關係——兩人在灑滿夕陽光輝的海灘上浪漫散步，或是共進擺盤精美的居家晚餐。相比較之下，我們會覺得自己的感情關係不精采，就產生出比較心態，接著冒出絕望感。

學習轉變觀念：沒人會把吵架過程公開告知

首先，千萬別相信在Instagram上看到的東西，那些照片經過裁切、模糊、扭曲，以釋放某種訊息。社群媒體上看到的浪漫照片是經過嚴格挑選的影像，只能反映感情關係的一小部分。大家才不會貼出自己哭泣或挖鼻屎的照片，也沒人會貼自己和女友大吵的照片，或是自己在深夜沉思為何不分手的照片。社群媒體使我們以為，大家的感情生活都幸福美滿、輕輕鬆鬆、熱情洋溢又完美，這使我們對自己的感情關係，產生超高的期待。

感情關係有精采也有平淡。如果你為經營感情努力付出，這是好事不是壞事！在婚姻生活中，會花大量的時間在日常生活枝微末節的瑣事上，像是換尿布、洗衣服、洗碗盤。很少會有人把這些事情貼到社群媒體上。這些時刻是培養愛情的土壤，不是阻礙。上濾鏡的夕陽美照遠遠不足以呈現愛情的全貌。

從「童話故事愛情」到「現實生活愛情」

我告訴瑪雅，迪士尼、浪漫喜劇和社群媒體引發了她的浪漫派心態。如果想找到對象，就必須改變想法。

她卻雙手抱胸又皺眉的回我：「你懂不懂啊？我覺得你在叫我放棄夢想。我對愛情有所憧憬，你卻說它不存在，叫我退而求其次，不然就放棄。為什麼其他人能有這種轟轟烈烈的愛情，我卻沒有？難道我不夠格嗎？」

我完全懂。我說道：「瑪雅，不是這樣的！我希望你敞開心胸，接受和想像中不一樣的愛情，不是叫你退而求其次。退而求其次就代表我把白馬王子當作最理想的對象，但卻請你和第二名交往。其實不是這樣的，因為白馬王子根本不存在。」

各位讀者也應明白，別再等白馬王子了！請開始去找真正存在的對象。我姑且稱他為賴瑞。

因為瑪雅後來的交往對象就叫賴瑞。她替另一名牙醫師代班時認識賴瑞。在我們的努力下，瑪雅學會捨棄靈魂伴侶的觀念，因為這些觀念防礙她尋找現實存在的對象。然而現在和她同居的男友，和她過去所期望的完全不同。他是離婚的父親，育有兩名子女。

「他看起來無精打采，還穿有破洞的毛衣。」瑪雅說道：「他不會幫我開門。」她開懷而笑，訝異自己不再執著這些膚淺的特質。「但他會逗我笑。他很善良，我喜歡在他身邊。他讓我覺得自己很聰明又風趣。我知道聽起來有點假，但我真的比以前快樂多了。」

他們會吵架。他們吵感恩節要去哪裡、吵要不要出席友敵（Frenemy，指亦敵亦友的人）的婚禮、吵不要餵狗吃太多高級食品。但瑪雅現在認為，發生這些爭執代表關係健康，並不代表關係出問題。

「我們滿懷熱情！我們在乎對方，我們坦然對話。我們畢竟是兩個不同的人，所以難免會吵架。我知道感情需要付出心力經營，我決定為這段感情付出。」

幸福關鍵

一、你的心態很重要！請將「尋找靈魂伴侶的心態，轉變成克服困難挑戰」，才更有可能找到人生伴侶。

- 抱持靈魂伴侶觀念的人，會拒絕不符合自己對愛情憧憬的對象。他們認為，愛情會自然而然地出現。他們期望愛情就是不費心力輕鬆得到。如果需要花費心力的話，那對方就不是對的人。
- 抱著克服困難挑戰觀念的人，清楚知道在感情關係中需要付出，明白建構成功的感情關係是一個過程。

二、我們相信命運，相信童話故事，部分原因是看太多迪士尼動畫片、浪漫喜劇和社群媒體。這種思維影響我們找對象和經營感情，會產生不切實際的期待。切記，沒有人是完美的，你也不完美。就連白馬王子早上起床也會有口臭。

三、「從此幸福快樂謬誤」會使人誤會談戀愛最難的，就是找到真命天子。其實，找到對方只是開始。愛情也必須努力經營維持。如果以為進入關係後，一切就會順利，當你在感情中難免遇到問題時，就會不知所措。

四、請接受並尋找現實中存在的對象。現實中談戀愛一定會有問題要解決。

第四章 完美主義是大敵——克服害怕出錯的焦慮

史蒂芬告訴我，他想不出他何時會靠直覺做決定。無論決策重大與否，他下任何決定前一定會進行大量研究。他每隔幾個月就會應徵新工作，他告訴我：「這是為了留有選擇的餘地。」但卻遲遲沒換工作。他花了兩小時瀏覽蘇格蘭威士忌的評價後，才下手購買一瓶作為送老爸的父親節禮物。他把所有選擇當作一個需要剖析、分析、苦思的問題。他手機的記事本軟體上，全是優劣分析表。如果研究好幾個小時就能做出完美的決策，何必冒險做出尚可的決策？

雖然這種優柔寡斷的行為，偶爾讓朋友和公司人資覺得很煩，但真正受苦的人是史蒂芬本人，以及他的女友蓋比。

蓋比深愛史蒂芬，史蒂芬深愛蓋比。他們已交往四年，其中三年同居。但史蒂芬經常思考：「是否還有其他潛在對象？」他知道蓋比的優點。她是護理師，還從附近的流浪動物之家領養四隻貓咪。她忠誠、暖心、體貼、美麗、善良、聰明。但這些還不夠，史蒂芬希望她更會社交。他想在晚餐聚會上與人高談闊論抽象的概念。

蓋比準備好要結婚成家了，但一如往常，史蒂芬無法下定決心。蓋比等待史蒂芬下定決心，但等了一年後，她受夠了。她身邊有些比較晚開始交往的情侶都結婚了，她厭倦了這樣的婚宴。有一天晚上，她哭著告訴史蒂芬：「我不想再等了，我想訂婚，要不就分手。」

此後數月，史蒂芬不知該怎麼辦。他想要有結婚的意願，但就是無法逼自己求婚。他和朋友討論這件事。他一邊長泳思考這件事，但就是不知道自己真正想要什麼。

他無法不去想：「如果我和另一個人交往，我的幸福指數會不會增加五%？」

「完美派」和「滿足派」的差別

史蒂芬屬於完美派。完美派希望盡可能做出最好的選擇。美國經濟學家、社會科學家、認知心理學家赫伯特・賽門（Herbert A. Simon）在一九五六年發表的論文，首次描述這種人格特質[1]。根據論文，完美派屬於一種特殊的完美主義，他們一定要探索全部可能選項才敢下決定，但面對大量選項時，這種強迫心理卻變得非常可怕、不切實際。

與完美派相對的是滿足派（「滿意」與「知足」）。滿足派也有找伴的選擇標準，但他們不會太擔心是否有其他更好的選擇。他們知道自己的標準，找到「還不錯」的對象就會安頓。這不代表他們退而求其次，而是他們蒐集足夠證據、發現還算符合標準的選項後，就可以安心做決定。

假設你搭航程兩小時的班機。飛機起飛後，你瀏覽機上電影選項。此時你會做出哪種選擇？第一種：看到第一個喜歡的就選它？五分鐘內，你就斜躺在椅子上，看著《心靈捕手》（*Good Will Hunting*）。第二種：你會花二十五分鐘瀏覽所有新片、喜劇類、劇情類、紀錄片類、外國電影類和電視劇後，才選擇絕對最佳的選項。

如果你屬於第一種人，很有可能就是滿足派。如果你屬於第二種人，很有可能是完美派（這是一個光譜，你也有可能處於兩個極端的中間，或是在人生的某些部分屬於完美派，某些部分屬於滿足派）。

完美派注重選擇過程。他們相信謹慎的選擇過程，能使人生變得更好。然而，事實並非如此。滿足派不只能做出好的決定，更是能安於決定。這是因為滿足不等於退而求其次。這點很重要，值得一再強調。滿足派有可能抱持高標準，唯有找到符合所有標準後才會善罷甘休，但他們一旦收手，就不會再想其它的選項。另一方面，完美派找到符合標準的選項後，仍會不斷探索一切可能。

感情上，史蒂芬這種完美派誤以為只要充分探索，他們就可以找到完美的對象，並且完全安心自己選擇的結果。但這種完美對象（和完全的肯定感）並不存在。想不斷探索全部選項的心態只會產生痛苦，使人遲遲無法下決定並錯失機會。換言之，當個滿足派比較好。

造成完美派心態的背後原因

完美派深受焦慮所苦。他們不只有「錯失恐懼症」（FOMO，Fear Of Missing Out），更擁有比較拗口的「決策錯誤恐懼症」（FOMTWD，Fear Of Making The Wrong Decision）。他們以為盡可能探索全部選項，就可以做出完美抉擇並減輕焦慮，但是決策錯誤恐懼症會產生巨大壓力。只要選擇稍微有一點不完美，他們就會覺得失敗。

我旅遊的時候就會這樣。即使旅行過程幾乎完美，只要犯一點小錯——例如訂到離市中心遙遠的飯店，我就會不禁覺得失敗。我會想：要是當初多做點功課就好了。我必須努力消除這種感覺，避免糟蹋我的行程。

在面對挑選長期伴侶這點，完美派心態最為嚴重。完美派害怕犯錯。萬一我離婚，得獨自扶養小孩怎麼辦？萬一我和妻子無話可說，下班後不敢回家怎麼辦？萬一我因為無聊而外遇怎麼辦？

人類歷史上絕大多數時期（至今還有許多社會依然如此），我們聽從家庭、所屬群體和宗教領導人的話去做事，包括穿著、飲食、行為、信仰、甚至挑結婚對象也是如此。今日，我們的文化愈來愈世俗、愈來愈強調個人主義，我們必須決定自己要做什麼。我是否要吃葷？是否要在安息日工作？是否要讓子女受洗？我的婚禮是否要辦在教堂？我的心理認同是男性、女性，還是兩者皆非？

從前，文化、宗教和家庭為我們安排好人生的道路。現在，我們必須自行尋找方向。因此，我們享有自由，可以更充分地表現自我，但同時也面臨「做出正確選擇」的壓力。我們可以寫出自己的人生篇章，但如果寫得很爛，那也只能怪自己。可想而知，我們陷入分析癱瘓。

當一切事情還沒解決，當一切取決於我們自身，我們便渴求穩定。「我希望感到百分之百確定，再走上紅毯。」史蒂芬如此向我說道。

但這就是問題所在。史蒂芬認為可以靠「優劣分析表」得到正確答案，就像找到最好的真空吸塵器（擁有最多五星評論的那台）或規劃最完美的一天（清晨五點去衝浪，接著去深受喜愛但鮮為人知的咖啡店喝咖啡，然後跑鐵人三項，再來和兩位朋友見面，緊接著去海灘上冥想，之後回家做菜，最後以桌上遊戲結尾。）。他認為用這種心態去假定挑選結婚對象的條件，也是有正確答案的。但，其實沒有。

⋃ 完美派可以取得更好的成果嗎？

此問題有兩個思考方式——客觀的「結果」和主觀的「體驗」。換言之，就是選擇成果的品質和對選擇的感受。

假設你是完美派。你不想每天早上花錢買咖啡，於是花費好幾個小時研究家用濃縮咖啡機，查詢亞馬遜（Amazon）上的評論，使用比較網站了解產品。你選擇Wirecutter（一家產品評論網）的首選機型——優美的Breville Bambino Plus。到貨時，你發現機器的體積太大，不如想像中適合你的廚房，你思考當初是否該要選體積小一點的機型。如同評論所寫，此機型沖泡出的咖啡無法反映咖啡豆的明亮度。沖泡咖啡時，你在生氣，後悔當初沒有買另一種機型。

與此同時，你的滿足派朋友也在市場上尋找濃縮咖啡機。她在大賣場看到一間奈斯派索（Nespresso）專賣店。她告訴店員自己的需求，並買了一台價格合理的機型。她告訴你，從選擇顏色有趣的咖啡包到加熱牛奶，她很享受每天做拿鐵的過程。

此情境中，你選擇了市面上最好的濃縮咖啡機。許多網站把你買的咖啡機和她買的做比較，結果是你的勝出。但對於自己的選擇，誰的感受比較好？

滿足派比較能對自己的選擇感到快樂，即使他們所挑的選項，在客觀層面上可能較差（你朋友的奈斯派索咖啡機根本沒入選產品評論網的首選名單！）。這是因為完美派喜歡在事後不斷檢討自己的選擇。他們承受雙重痛苦：做選擇前苦苦思考掙扎、做出選擇後擔心選錯。

心理學家兼《只想買條牛仔褲》（*The Paradox of Choice*）作者貝瑞・史瓦茲解釋說，完美派和滿足派的差異，不在於選擇成果的品質好壞，而是在於他們對選擇的感受：「完美派做出優秀選擇，但卻覺得自己選的不好；滿足派做出優秀選擇，而且覺得自己選的很好[2]。」

你的目標是什麼？是買到全世界最棒的咖啡機，還是感到快樂？如果你追求的是快樂，該重視的不是客觀物質結果，而是主觀的感受。咖啡的品質固然重要，但我們對咖啡的感受才是最重要的。

學習滿足派的智慧

完美派希望探索全部選項後再做決定。在感情方面，這是超困難的大挑戰。你不可能和城市裡所有符合資格的單身人士約會，更別說要探索全世界的單身人士。如果你想結婚或投入長期關係，你還是要運用現有資訊做選擇。

如果你是完美派，這種想法可能造成你緊張。萬一你對所選的對象不滿意怎麼辦？我想告訴你一則好消息：人類擁有一個奇特的工具，能使我們感到快樂——大腦！我們一旦投入某件事，大腦就會協助我們合理化這個選擇，使我們認為，這就是對的選擇[3]。

合理化（rationalization）是我們的能力，指的是人類會說服自己「我的選擇是對的」。假設你購買一件昂貴的冬季大衣，有三十天的鑑賞期，不滿意的話可以退貨。你把大衣拿回家，評估優缺點。即使你不退貨，你仍然無法忘記這件大衣的缺點。但假設你在出清時購買，店家不提供鑑賞期，你就會立即愛上這件大衣。反正不能退貨，幹嘛擔心它的缺點？這就是合理化，請善用這個力量！

談戀愛也是一樣。如果你全心投入愛對方，你的大腦就會說服你這是個好的決定。滿足派天生就明白這個道理，並從中得益。

現在你可能在想，我不想僅僅只做出「好」的決定，還拒絕退而求其次。這是一個常見的誤解。切記，滿足派可能也有極高的標準。他們可能會花點時間到處探索，等到找到符合期待的對象為止。但兩者的差異在於，滿足派一旦找到符合標準的對象，他們就會滿足，他們不會再想還有什麼別的選項。

因此，我希望你能努力變成滿足派。什麼是最好的選擇？那就是去選擇快樂。

思考「祕書問題」，培養自己成為滿足派

「祕書問題」是一個決策謎題，思考這個問題，可以幫助你成為感情上的滿足派。假設你在招聘祕書，我們把這位祕書設定為男性，因為我知道各位想到祕書，就會想到女性，去你的父權主義！有一百名應徵者，你必須一一面試。每面試完一個人，你就必須決定要雇用他，還是繼續

面試下一位應徵者。面試完沒被選上的人就會立即淘汰，你不能之後改變心意雇用他。

你該如何提升挑到最佳人選的機率到最大？不能太早就選，因為這樣有可能錯失排在後面的優秀人選，但也不能等到最後才選，因為排在後面的人可能不怎麼樣。其實，這個問題有一個數學上的正解。你應該先面試三七％的應徵者，然後暫停，並找出第一批當中最優秀的人，以他為重要基準，接著繼續面試剩下的人，遇到第一個優於基準的人就雇用他。

找戀愛對象也是如此。在上文舉例的祕書問題中，有一百名應徵者可挑，但在感情上，你不知道有多少潛在對象，即使知道也不可能全都見面認識，因為有許多困難，像是因為不同的人生背景難以溝通、所在地理位置太遠。

與其慢慢研究有多少個潛在對象，不如去想要花多少時間積極尋找伴侶。布萊恩．克里斯汀（Brian Christian）和湯姆．葛瑞菲斯（Tom Griffiths）在著作《決斷的演算》（*Algorithms to Live By*）中講到一名想結婚的男子，並說明道：「假設他尋找對象的期間是十八至四十歲，根據三七％法則，他應該在二六．一歲起，從尋找轉變為跳躍[4]。」

換句話說，從二六．一歲起，他要從過去八．一年的交往經驗中，挑選一個基準，就是目前交往過最優秀的對象。之後，下一位優於基準的人，就是結婚對象。

我向道格解釋祕書問題。道格是一名軟體工程師，最近將自己的公司賣給一間大型科技公司。他曾和不少女性交往，為期三至六個月不等。他老覺得對方有缺點。例如：雖然這位女性聽到他的笑話會笑，但她本身缺乏幽默感；那位工作太認真；下一位工作不夠認真。

我向他說明設定基準的概念。他點點頭並打斷我：「我知道，我知道。我三十一歲了，或許早就交往過可能會成為好妻子的對象。」他恍然大悟。

我給他回家功課：「製作一個表單，列出去年所有和你約會的女生。一欄寫她的名字、一欄寫認識她的方式、一欄寫和她相處的感覺、一欄寫你們的共同價值觀。你也可以寫其他細節，但不要洋洋灑灑列出她們的缺點，也不要依照性感程度排名。」

他回答：「好。」下次會談時，道格拿出筆記型電腦，給我看他的表單。當點開「布瑞兒」的表單時，他就說：「她就是真命天女。」

「真命天女？你的意思是，可以結婚的那種真命天女？」我問道。

「不是結婚的對象，而是基準。她聰明、幽默、相處起來很有趣、有上進心、長得又美麗。呃……我當初為什麼會和她分手呢？算了，現在想這個也太晚了。布瑞兒是我的基準。等下次遇到和布瑞兒一樣好，或比她更好的女生，我就會全心投入。」

那麼，現在該你了，步驟如下。

首先訂定交往期間，先訂出「開始談戀愛那年」，再訂出「預計想投入長期關係的那年」。把這段時間乘以三七％，再加上開始談戀愛的那年。這就是你的三七％分界。

我只假設你已經擁有足夠的資料，用來制定合理、有根據的基準，不需要再多做研究。等下次遇到喜歡程度大於（或等於）基準的對象，就可以全心投入。

性別不平等和關係時程

我支持女權。我堅信男女平等。然而，男女平等不代表男女沒有差別。男女的生殖系統之間，存在實質的生理差異（我明白不是所有人都屬於這些類別，跨性別和非二元性別人士在感情上，會面臨獨特的挑戰）。

（女性在三十歲後，生育能力就會下降。男人在六十多歲以後，仍有生育能力。勞勃・狄尼洛（Robert De Niro）在六十八歲時才生老么[5]，但男人也別以為自己來日方長，請想像七十歲的時候，你用關節炎的雙手和自己小孩玩拋接遊戲。）

給親愛的女性讀者：如果你想生小孩，而且不找代理孕母，你在訂定交往期間的時候，就必須把這個目標納入考量。雖然不一定要有伴侶才能生小孩，但這有可能影響你想在什麼年紀找到對象。

雖然凍卵費用昂貴，但各位可以考慮。凍卵不代表之後一定可以有小孩，但卻能幫你爭取時間。（在三十一歲生日的那個月，我把受精的胚胎冷凍起來，精子來自我的伴侶。我們還沒做好養小孩的準備，因此希望暫時擱置這事。）

這聽起來很不公平，但女性很有可能比同齡男性更早達到三七%分界。我希望各位對此有所體認並做好規劃，而非老了才驚覺不對，後悔當初沒做好規劃。

回到史蒂芬。他仍舊在想：「如果我和另一個人交往，我的幸福指數會不會增加五%？」女朋友蓋比向史蒂芬下最後通牒的幾個月後，再次和他展開談判。史蒂芬承認，沒有求婚的打算。她向史蒂芬提分手，接著就用紙箱打包搬家，打分手炮，換社群媒體大頭貼。

史蒂芬獨自坐在半清空的公寓裡。沒有沙發，沒有電視，沒有收納櫃，只有一張床和幾把椅子，和費盡苦心研究後買到的超輕露營裝備。

事到如此，我以為他不會再來找我了。我遇過不少和史蒂芬同類型的人，根據我的經驗，他會認識新的女性，並且很喜歡她，但後來又因為無法感到百分之百確定而離開。

一年後，他竟然打電話給我。他告訴我：「我遇到了某個人！我想和她共度餘生。」

我又驚又喜：「然後呢？」

「我們有次週末一起出遊。騎腳踏車、做菜、做愛。我覺得她就是我想結婚的對象。」

聽到他快樂，我也感到快樂，但我必須問：「那你原本的想法呢？你還會想：『我的幸福指數會不會增加五%』嗎？」

他笑了。「這過程很困難，但我很努力克服。對於我們關係裡的一切事物，滿懷感激。我不會再去想和其他人交往會不會更好。我知道我可以和這個人共同建立生活、建立美好的生活。」

史蒂芬學會滿足，學會面對不確定的感覺，學會不等到全部研究後才下決定。他的努力改變了人生故事的標點符號——把完美派那充滿焦慮的問號，轉變成滿足派那充滿信心的句號。

起初我以為史蒂芬的故事是警告大家：完美主義是大敵。然而，他現在是一個成功故事。**各位完美派，請給自己幸福快樂的大禮，請給自己可以滿足的能力。**

幸福關鍵

一、完美派注重在做出正確選擇。他們希望研究全部的選項後再下決定。即使下了決定，仍不斷思考自己有沒有錯過什麼。滿足派則是思考自己想要什麼，一旦符合標準，他們就會停止搜索。滿足派並不是退而求其次，他們只是在下決定後，就不再擔心還有什麼別的選項。

二、研究顯示，滿足派通常比較快樂，因為到頭來，滿意的程度來自人在選擇過程的感覺，而不是做選擇本身。

三、現在的戀愛文化，把很多人變成完美派——覺得每個對象都不夠好，不斷在想如果和其他人在一起，是不是會更快樂。在感情上追求完美可能會使自己痛苦，也可能會太晚做出選擇，讓人錯失機會。

四、完美派認為，選擇交往對象是有正確答案的。但其實沒有。從祕書問題可以看出，我們或許有足夠的交往經驗作為根據，用來挑選優秀伴侶。知道這件事後，你就能全心投入，不再擔心還有什麼別的選項。「合理化」作用也能幫助我們安心自己的選擇。

第五章

別等啦，開約吧！

——累積經驗才有能力去選擇

我在舊金山（San Francisco）市區一座隱蔽的室外庭園裡，和新客戶希亞會談。他三十五歲，身高超過一八三公分（他後來告訴我，這身高讓他在舊金山的猶太人交友市場上享盡優勢）。

本次會談前，我對希亞一無所知。他看起來充滿自信又有魅力。他去排隊點咖啡時，我坐在位子上，思考他為何向我尋求協助。他是不是不知道要選誰當交往對象？還陷入不良的感情關係，需要協助才能分手？他是否經歷痛苦的分手，想重新出發？

他拿著咖啡回來，把我點的拿鐵給我。「我想就從頭開始說明吧！」他說：「我從未交過女友。好啦，高中有一個，但那之後就沒有。」

我很訝異，他的交往經驗竟然這麼少。「你覺得原因是什麼？」

「我一直覺得自己還沒準備好。」他說道：「我想先找到工作。後來找到一份很好的工作，但我又想先存夠錢，這樣才能養妻子。快達到目標時，我開始接受一些治療，所以想先顧好自己。我近期換工作，所以想等到工作上軌道後，再開始談戀愛。」

他說他想娶妻成家，但覺得自己還沒做好準備，找我諮詢只是因為父母逼他來尋求協助。你可能會點頭同意，想說：「有道理，他這樣不錯。等到準備好，就會開始談戀愛了。」

然而，詢問更多細節後，我發現希亞其實已經準備好了。他在一間大型公司擔任律師十年且財務狀況穩定。他有自知之明，而且心智成熟，有休閒嗜好（吉他，但他說自己彈不好），有朋友，而且和家人關係良好。

我遇過許多和希亞一樣的客戶。他們感覺起來是很好的對象，但卻沒有主動去找對象。我把他們稱作猶豫派。他們向我諮詢，是因為他們認為自己應該開始去找對象，但卻一直無法採取行動。我問他們為何不開始約會，他們就會說：「我想先減重五公斤／升遷／念完研究所／工作穩定／拍新的交友網站大頭貼。」

大家都想提升自我，但這種想法，有時會變成藉口。我明白的，談戀愛很可怕。猶豫派總是被恐懼所影響而無法做選擇，像是害怕遭到拒絕、害怕失敗、害怕自己不夠好。難怪他們遲遲不開始去約會。不做出行動就不會失敗，對吧？

然而，若要等到做好百分之百準備，再採取行動的人，低估了自己錯過許多機會。

為何等待是一種錯誤？

世上沒有任何一件事，可以做到百分之百的準備，談戀愛是這樣，甚至更是這樣。

你想等到完全自我實現後再開始約會，這可以理解。你會想，萬一太早遇到理想對象，但他拒絕你怎麼辦？

猶豫派總是認為，他們有一天就會感覺準備好了。這只是妄想，人生才不是這樣。每個人都有感到不安的時候，絕大多數人在高壓情境下，一定會感到緊張，但這些人仍然會和別人約會、親吻、戀愛、分手、再次戀愛，然後結婚。你雖然不完美，但最後還是要採取行動、開始約會。大家都不完美，你找到的對象也不會是完美的。

假設你真的升遷或減重五公斤，達到心目中的完美狀態，然後進入一段關係。你是不是會擔心對方的愛是有條件的？擔心如果你失去工作、心理失控，對切達起司上癮而暴食，最後胖了十公斤，對方就會離開你？

如果你想等到準備好再戀愛，你失去的機會，比想像中的多。經濟學家經常提到做選擇時，會產生的機會成本——就是當你挑選其中一個選項，而放棄另一個選項所產生的代價[1]。假設你面臨兩個互斥的選項：選項甲和選項乙。若選擇甲，機會成本就是乙。若選擇乙，機會成本就是甲。用一個實例說明更清楚。

假設選項甲是去念研究所，選項乙是留在原本的職位。研究所學費加上兩年的生活開銷是二〇萬美元。如果我問你讀研究所的成本為何，你會怎麼回答？「二〇萬美元。」對吧？錯。你忽略了機會成本。如果去念研究所，就無法全職工作，所以念研究所的總成本必須要再加上捨棄的薪資。因此，念研究所的實質成本，是「學費」加「開銷」再加上「如果沒念研究所，工作兩年的薪資」，也就是二〇萬美元加上兩年總年薪。

假如選項甲是去酒吧參加朋友的生日派對，選項乙是去同事家參加他的喬遷宴。如果選擇參加朋友的生日派對，你付出的成本不只是通車時間、酒錢，或第二天的宿醉，還要加上機會成本——沒去同事的聚會，就失去和他及其他同事變熟的機會。

在談戀愛上，猶豫派想等到更有自信、更有錢、更什麼什麼的，才敢開始談戀愛，但卻忽略了遲遲不行動所產生的機會成本。

錯失學習的機會

一直不行動所產生的第一個機會成本，就是「錯失學習的機會」。如果沒有和不同的人交往，就不會知道自己的喜好和討厭什麼。談戀愛是一個反覆改善的歷程，一邊學習而漸漸做出改變，特別要說的是，人對於自己所喜歡的伴侶或重視的價值，往往有錯誤認知（第八章會說明）。你以為你想要某個東西，嘗試後才發現，其實你並不想要，於是你學起來，繼續嘗試新的。你可能喜歡充滿神祕感的人，假設他是放蕩不羈的馬戲團成員，曾經搭便車橫越馬達加斯加（Madagascar），褲子破了就自己縫起來的那種人。但交往幾個月後，你發現神祕感的確很有魅力，但你更想要一個溫暖、深情的對象。如果不交往，你就無法深入了解自己心中理想的長期對象是哪一種。

我有一位客戶叫靜靜。她三十一歲才第一次談戀愛。她小時候隨著父母四處搬家，所以從來沒有結交摯友，更何況交女朋友。念大學時，她專注課業，生性內向害羞。她結交新朋友，但大學的約會和聯誼活動對她而言，似乎遙不可及。「我不知道怎麼去撩人。」她坦承道：「我從沒學過。」

大學畢業後，她進廣告公司實習，一路升上文案主編的位置，轉變為自己所喜歡的樣子——有涵養、幽默、熱情，但她仍然沒有談戀愛。她覺得自己早已落後許多，所以不斷拖延。

現在她明白，缺乏經驗的情況，讓自己去找對象更困難：「我錯過了試驗的機會，我不知道自己的好惡。沒有這些資訊，感覺更難找到伴侶。」

❷ 約會技能是需要練習的

遲遲不去約會的猶豫派，也錯失了提升約會技能的機會。我很訝異，許多客戶竟然以為自己天生就能掌握約會技能。但其實約會是很困難的！就和所有事情一樣，需要練習，才能熟悉怎樣「約會」。

我請我的客戶開始反覆練習。就像在健身房訓練時，反覆做同一個動作，就可以使身體漸漸強壯。同樣地，約會愈多次，談戀愛的能力就愈強。

當你在等待，當你坐在家中想著自己還沒準備好的時候，某些像你一樣的人，正在第一次約會。他們練習說故事的能力、聆聽的技能和深吻的技巧。他們已展開名為約會的訓練。

靜靜覺得自己就像初學者：「這時的我，早該準備好展開這場人生賽局，但我卻犯下新手才會犯的錯誤。」其實，每個人一開始都會犯下新手常犯錯誤。無論從何時開始談戀愛，人都會犯下這些錯誤，所以不如現在就開始犯錯。

約會有點像單口喜劇（幸好比較不會有陌生人踢館），都屬聽眾藝術。喜劇演員常說，在家寫笑話只是寫作，當站到台上面對聽眾，才是真正在表演單口喜劇。單口喜劇演員明白，沒人能在初登場就逗得全場大笑。他們必須邊做邊學。因此，新興戲劇演員會想盡辦法獲得上台機會。黃艾麗（Ali Wong）錄製網飛（Netflix）的單口喜劇特別節目《黃艾麗：眼鏡蛇寶貝》（*Baby Cobra*）前，每晚都會參加許多場公開練習演說（open mic），在小型喜劇俱樂部反覆練習[2]。

約會也是如此。你必須練習如何提出有趣的問題、以引人入勝的方式表達自我、和對方接吻。這些技能需要反覆練習。如果要精進技能，就不能守株待兔地「做準備」，增強技能的唯一方法就是實際去約會。

⋃ 克服猶豫，開始約會吧

來自行為科學的警告，人可能會出現可怕的意圖——行動落差（intention-action gap）[3]。意圖——行動落差指的是當我們意圖做某件事，但卻不採取行動。在這裡，你的意圖是開始約會，但想要約會和實際開始約會之間存在落差，你可能會掉入其中而不去約會。我想在此介紹幾個來自行為科學的技巧，幫助你開始約會。這些技巧對靜靜有效。靜靜初次約會時顯得笨拙，但她持續約會，經歷第二次、第三次、第四次不那麼尷尬的約會後，終於交到第一個男友。

第一步：設定最後期限

「最後期限」是激勵人們採取行動的最有效方法之一，尤其是急迫的最後期限。假如你的銀行傳來更換密碼通知信，但沒有設定最後期限，那你去更換密碼的機率高嗎？你可能會「意圖」更換密碼，但因為沒有期限限制，很可能在你採取行動之前就忘記這件事，這就落入意圖——行動的落差之中。

假如銀行的通知信寫著「請在今日結束前更換密碼」，你就面臨急迫又明確的期限。你非常有可能會立即更改密碼，或當天想辦法空出時間更換密碼，以免錯過期限。

學者曾研究，若設定適合的最後期限——雖急迫但可行，能產生何種效果[4]。行為科學家蘇珊．舒（Suzanne Shu）和艾耶勒．葛尼奇（Ayelet Gneezy）在實驗中觀察研究，當人收到烘焙坊的兌換券後，要過多久時間才會前往店家兌換[5]。兌換券有效期是兩個月，但只有一〇％的人實際去兌換糕點。但如果兌換券的有效期只有三週，竟然會有三〇％的人前去兌換！在第一個情境中，大家覺得可以之後再做，所以就不會馬上採取行動。如果期限較短，大家很清楚自己有可能錯失機會，所以選擇立刻採取行動。

屬於猶豫派的你，請現在馬上設定開始約會的最後期限。我建議設在三週後。三週的時間，夠你完成事前應做的準備工作，但也不會久到使你失去動力。接下來，我就要說明約會前應做的準備工作。

第二步：做功課準備

設定期限後，請開始做約會前的功課。你可以下載手機應用程式，設計多種合適的約會穿搭，也可以考慮上一堂即興演出的課程，學習如何聆聽、如何與他人融洽相處。下次和朋友吃晚餐時請注意：你何時想著自己（思考自己表現如何），何時真心專注聆聽對方說話並真的感到好奇（思考對方想表達什麼）？

如果你很久都沒有約會，請拍一些好看的照片。我有一名客戶很恐懼在網路交友。她總是說：「我沒有好的照片當大頭貼。」我說服她拍攝新的大頭照，她拿到照片後終於覺得可以開始了。她下載手機應用程式，因為照片的緣故而受到正增強（positive reinforcement，指的是當個體表現某種行為後，給予某種刺激，例如給她獎勵，使該行為表現增加），隔週便出門約會。你不一定要花錢請專業攝影師，只要將打光弄好，再請個有好手機的朋友來拍照（記得開啟人像模式！）就可以了。

準備過程中，可以尋找治療師或教練。請教他們「我遇到什麼阻礙？我有什麼說不出的恐懼？我過去有什麼經驗使自己無法前進？」然而，找治療師不是拖延約會的藉口。治療師無法立即解決你的問題，也不可能短短幾週內就把你變得更完美，使你「完全準備好」約會。請在接受治療的同時開始約會。

第三步：告訴別人我要去約會

如果你公開宣布你的目標，就愈有可能專注去實現目標。社會心理學家凱文・麥考爾（Kevin McCaul）主導的研究團隊透過一項有趣的實驗證明這點[6]。他們把學生當作受試者，將其分成兩組，這些學生將參加一場難度特別高的考試。研究人員請其中一組的成員，互相分享自己的目標分數；請另一組的成員不要透露目標分數。研究結果顯示，與他人分享目標分數的人，對目標更加投入，花更多時間準備考試，而且達成目標的機率高二〇％。

請告訴三個好友或家人「我要開始約會」，並和他們說你設定的最後期限。宣布後，你會感到更有行動力，因為你要維護自己的名聲（額外好處：如果你向身邊的人分享約會目標，別人可能會介紹對象給你。第九章將說明如何請別人介紹對象）。

第四步：認同自己是「約會派」的新身分

我們每個人都擁有不同的身分：女兒、朋友、碧昂絲粉和跑者等等。在不同身分時，會展現不同的行為。史丹佛大學（Stanford University）和哈佛大學的研究團隊發現，我們可以藉由強化其中一種身分，來改變人的行為[7]。他們在選舉週調查有登記的選民，問其中一群：「對你而言，投票有多重要？」對於另一群相同族群的選民，他們稍微修改問題：「對你而言，這次選舉中，擔任選民有多重要？」接著，研究人員分析投票紀錄，調查那哪些人出來投票。分析結果顯示，被問到是否願意擔任選民的人，投票率高於被問到是否願意投票的人，兩者差距達一一％。

雖然兩個群體內的人都可能有投票意圖，但受引導後把自己當作選民的人，更有可能實現計劃。他們認為自己不只是去投票的人，而是選民。這種身分認同一旦受到強化，他們更有可能出來投票。

你可以使用這個方式逼自己開始約會，把自己當作「約會派」而不是只是去約會的人，並強化這樣的認同。請站在鏡子前面大聲說：「我在尋找對象，我是約會派。」還沒開始約會就說這些，聽起會不會很荒謬？當然！但你還是要照做。

我曾有一位客戶叫作雅各。初次通話時，他說自己「非常胖」。他告訴我：「我媽媽很胖，我爸爸很胖，我們都很胖。」

他在非營利組織的學習發展團隊工作，負責迎接新員工，辦理到職第一週的教育訓練。「我經常認識新的人，這不是問題所在。我只是討厭約會這個概念，因為我無法想像自己像裸體一樣站在別人面前。所以約會的意義是什麼？」

雅各說他曾計劃減肥，但卻半途而廢，回到原點——過著不快樂的單身人生。我每週都試著鼓勵雅各把自己當作約會派，而不是等到減肥成功後才開始去約會。他對著鏡子做練習，他很討厭這個練習，但還是做了。

有一天，我決定來點不一樣的方式來會談。可能是受到《酷男的異想世界》（*Queer Eye*）馬拉松的啟發，我決定帶雅各去購物，好好關心他的身體狀況。

他從試衣間走出來時說：「哇！我離好看只差一點點了。」

我哈哈大笑。在穿著時尚的青少年銷售員協助下，我們發現他過去買的衣服，都比自己大兩號。他後來買了許多好看的牛仔褲、夾克和襯衫。

接下來幾個月，我們找到方法提升他的自尊心——專注他最大的優點，例如他美麗的雙眼和黑色幽默感，而不是等待可能永遠不會到來的新體重。

久而久之，他愈來愈認同約會派身分。他持續對著鏡子做練習，漸漸沒那麼討厭這件事了。他下載交友軟體，並嘗試每週至少約會一次。週末時，他和一名大學的老朋友重逢。這位朋友從丹佛（Denver）來造訪舊金山。兩人散步時，雅各向她分享他的約會歷險記，她第一次把雅各視為潛在交往對象。

等她下次造訪舊金山時，兩人再次約會，後來又再去約會。時間快轉一年後，他剛搬到丹佛去和她在一起。我們最後一次會談時，他興高采烈，他終於擁有從前以為不可能會有的東西——幸福、健康的感情關係。

他沒有減肥，他減掉的是自我設限的身分認同。他把自己當作積極的約會派，而不是等到未來才去約會的人。關鍵在於，他改變看待自己的方式。

請開始當自己是約會派。一旦你這麼做，全世界也會當你是約會派。

第五步：設定具體可達成的目標

你不是披頭四（the Beatles）不需要一週約會八天。知道這個哏嗎？就像〈一週八天的歲月〉（*Eight Days a Week*）那首歌一樣。心理學家艾德溫·洛克（Edwin Locke）和蓋瑞·拉珊（Gary

Latham）發現，設定具體目標不只使人更有可能達成目標，還能產生更大的動機、自信和自我效能[8]。

總結來說，我建議客戶每週至少約會一次，你應該主動空出時間約會。我有位客戶的目標是每週三下班後去約會，這樣的安排很穩定，正好在一週的中間，讓她每週都有期待感。另外，如果約會順利，她也可以再約對方週末見面。

第六步：學習用體諒的語氣對自己說話

聽著，我知道這是一件困難的事。你正要踏出去和別人約會，而且可能是人生頭一遭。你可能感到害怕、你可能會受到傷害，也可能傷害別人。

如果約會不順利，請像安慰好友一樣安慰自己，想像某個朋友打電話給你說：「這樣做有什麼意義？不可能成功的，我就是不夠好。」此時你會如何回應？你不會落井下石吧？你可能會安慰他：「別這樣想。那只是個約會，你肯走出這一步就很厲害了。雖然約會結果很慘，但相信你學到了一些事。」

請學著為自己加油，學著用這種體諒的語氣對自己說話。

這對希亞而言是一大關鍵，他是本章開始所提到的猶豫派。藉由我們的努力，加上每週的療程，希亞學會接納現在的自己，而不是只注重心目中想成為的自己。他現在單身，但已經開始去約會了！

現在該你了，請今天就開始。此時不做，更待何時？

練習：約會準備清單

- 我準備在＿＿＿＿＿＿這個日期開始認真約會。
- 已下載交友軟體（至少一個）。
- 有能用的大頭貼（至少五張）。
- 有兩套約會穿搭用的衣服。
- 已經告訴至少兩位朋友「我要去約會」。
- 站在鏡子前面說：「我在找對象，我是約會派。」（或是：「我覺得我是約會派！」）
- 計劃每週至少約會一次。
- 練習安慰自己，就像和小孩或好友說話一樣。
- 如果我因為遇到困難而失去動力，會再接再厲，而不要回到猶豫派的心態。

別再和前任聯絡

最後一件事，我發現許多猶豫派客戶一直無法認真約會，是因為他們執著於前任。我想給所有約會者一項建議——別再和前任聯絡了。

我們可能認為，和前任保持聯絡就是保持敞開機會之門。你想保留改變心意的餘地，就和本書探討的很多心態一樣，這是一種錯誤想法。和前任保持聯絡，阻礙你的進步，反而讓人更難放下過去。

有研究證明這點。哈佛大學心理學家丹尼爾．吉伯特（Daniel Gilbert）和珍．艾伯特（Jane Ebert）在實驗中，讓學生參加為期兩日的攝影工作坊[9]。學生拍攝校園的美景，並在導師的指導下沖洗底片。工作坊結束前，導師請學生選一張照片，參加在倫敦舉辦的一場特殊藝術展。其中一組學生必須當天就選定參展照片，之後不能改變想法。另一組學生則在當下選一張照片，但知道這幾天之內會有人打電話給他們，詢問是否要改變原本選擇。

導師問第二組學生，是否要改變參展照片的時候，只有少數人改變當初的選擇。但研究人員對受測學生進行調查後發現，不能改變選擇的群組，滿意度高於可以改變選擇的群組。為何可以改變選擇的群組滿意度較低？他們多數人不都堅持原本的選擇嗎？

雖然人類本能上喜歡可反悔的選擇，不喜歡不能反悔的選擇，但以長期而言，這種彈性空間經常使我們更不快樂。我們希望能改變想法，像是新買的手機可以退貨，訂好的機票可以改期、收到活動邀約時可選擇回覆「可能參加」。但其實，就像那些能更換參展照片的學生一樣，我們對於可反悔選擇的投入程度較低，而投入程度正是快樂的關鍵。

如同上所述，你一旦投入某件事情[10]，大腦就會啟動神奇的合理化程序，說服你這個選擇是好的。你會回過頭來，賦予更多正面特質在自己的選擇，並賦予落選的選項更多負面特質。當下就要選定參展照片的學生，立即就專注在所選的照片，馬上啟動合理化的程序。而可以改變想法的學生，則一整週都在猶豫並不斷評估各種選項，還產生懷疑。因此，就算他們堅持使用原本的照片，他們還是不確定自己選擇是否正確。大腦一旦接受一件事情並放下顧慮，你就不會再煩惱選擇是否正確。

換句話說，我們希望有可反悔的選項，但長期而言，選擇後不可改變會使我們更快樂。所以，和前任保持聯繫，並把他當作潛在的感情對象，只會把分手變成是可反悔的選擇。請把分手變成不可反悔的選擇，讓自己釋懷。

你昨晚是不是又再瀏覽與前任的對話訊息？如果你還是愛著他，暗中想著說不定有天能復合，請試試以下封鎖前任七步驟：

一、深呼吸。

二、拿起手機。
三、刪除他的電話號碼。
四、封鎖所有管道，例如社群媒體、電子郵件和你的住所等等。如果他的媽媽或兄弟姊妹追蹤你，請一併封鎖（我知道這樣有點殘忍，但這是在保護未來的自己，在你和新對象互撩時，別讓他媽貼出你前任的照片）。
五、請確實刪除他的電話號碼。我知道你在別的地方仍有留存，我等你完全刪掉。
六、把手機燒掉（開玩笑的，但建議你在分手初期少滑手機）。
七、還有，別忘了處理支付軟體相關的聯繫。

你可能覺得這樣矯枉過正，偶爾查看前任的Instagram或臉書又怎樣？心理學家塔拉・馬歇爾（Tara Marhsall）和艾許莉・梅森（Ashley Mason）提出更多證據。馬歇爾在一篇研究論文裡寫道：「透過臉書接觸到前任伴侶，可能防礙分手後療癒的過程[11]。」梅森發現，和前任聯絡對心理健康[12]有害。還有，千萬不要和前任上床！梅森也發現，「和前任發生性關係」使人更難以放下。換句話說，追蹤前任的動態（或和前任上床）只會拖延你內心釋懷的過程。

請幫幫自己，把心中那道門關上。別再和前任聯絡了！把可反悔選擇變成不可反悔選擇。

幸福關鍵

一、猶豫派認為，自己沒有百分之百準備好，就不會去約會，他們想表現出最好的自己。但世上沒有任何一件事，可做到百分之百的準備，開約就對了。

二、「完美」是個謊言，大家都不完美，你找到的對象也不會是完美的。

三、一直不去約會的猶豫派，會錯失提升約會技能、探索心中理想類型的機會。

四、克服猶豫的心法：

- 為自己設定最後期限
- 做準備去面對約會人生
- 向別人分享自己的計劃
- 認同「約會派」這個新身分
- 設定具體可達成的目標
- 學習用體諒的語氣對自己說話
- 別再和前任聯絡了！

第六章

了解自己的依附型態

——讓你別再愛錯人

我在健身課程上認識薇薇安。她總是第一個到，在課堂開始之前做收臀和微蹲運動。我上健身課也喜歡提早到場，主要是為了佔到好位置，讓自己不要那麼焦慮。我們每週都能見到對方，可以看出當老師遲到時，我們都覺得不爽，但又盡力不要將情緒表現出來。

有一天早上，我們開始聊天，發現雙方有許多共同點。例如：同一年搬到舊金山、在美國東岸有共同好友、喜歡同一間巷口咖啡廳，於是在課後我們便一起去那裡喝咖啡。

她在咖啡廳裡跟我說：「我喜歡的人都不喜歡我。但是喜歡我的人，我都覺得很無聊。」排隊點餐的時候，她環顧四周，對我小聲說：「我該怎麼辦？是不是要退而求其次？」

薇薇安不想當自己是退而求其次的人。她在一間大型公司擔任企業公關，專門負責處理所謂的「危機溝通」。最近幾年，遇到大大小小危機，她必須隨時待命，即時應對任何法律訴訟或媒體抹黑。她一週運動五次，吃全素，剛考到航海證照。她人生幾乎都在掌控中，除了感情。

薇薇安知道我是感情教練，也是媒人。之前和我聊天時，也有稍微分享自己的感情生活，但這次她才真正講出心聲。

「先退一步來看，請告訴我你的感情史。」我問她。

「一言以蔽之，失望透頂。」她說。「我曾和一個男人有段關係，持續了兩年，但我不知道這算不算真的關係，他一定不認為這是關係。當時他和我在紐約住同一棟公寓。他只要興致一來，就會上床。之後還有一個男人，是我剛搬來這裡時工作上認識的，但他表達的訊息不明確，後來就沒下文。最近我開始用交友軟體，感覺已經約會數百萬次了，但一旦對方說他們喜歡我，我就馬上失去興趣。請老實告訴我，我是不是受到詛咒？」

我哈哈大笑：「不是的，你很棒。你很漂亮、很有趣，還會開船耶！我只是覺得，你尋找的目標是錯的。」我試著克制自己，但還是不自覺進入教練模式，我想幫她。

「目標是錯的？我可沒說要找長得高或有錢的男人。」

「我不是這個意思。」我打斷她：「你聽過依附理論嗎？」

什麼是依附理論？

我和客戶分享的關係科學知識當中，最強而有力的就是依附理論。依附理論是一個廣受使用的框架，能解釋我們為什麼喜歡某類型的人，為什麼過去的感情關係沒有結果，為什麼我們受到某些壞習慣的殘害[1]。

你可以去看看專門探討依附理論的書，包括阿米爾・樂維（Amir Levine）、瑞秋・赫勒（Rachel Heller）所著的《依附》（*Attached*）以及蘇珊・強生（Sue Johnson）所著的《抱緊我》（*Hold Me Tight*）。依附理論對我的朋友、客戶和我自己的人生影響很大，所以我也想在本書中說明這個理論。我有個客戶在感情上碰壁多年，但學到這套框架後，便徹底改變方式。這過程並不容易，但成效可能非常大。我認識的許多人，使用依附理論來經營美滿的婚姻。

回到故事，當點完飲料後，我和薇薇安坐在咖啡廳後方擺滿軟墊的角落。我開始解釋什麼是依附理論，並說明為什麼很重要。

依附理論源自於發展心理學家約翰・鮑比（John Bowlby）的研究[2]。鮑比認為小孩子有依附母親的天性。後來，心理學家瑪莉・安斯沃思（Mary Ainsworth）透過一項試驗研究依附類型是否因人而異。這項實驗現在很有名，叫做「陌生情境」（strange situation）。安斯沃思以母親和嬰兒（十二至十八個月大）為實驗對象，在實驗室中設定不同情境，觀察他們的行為。

首先，母親和嬰兒進入一個放滿玩具的房間。對嬰兒來說，由於母親是安全堡壘，可在嬰兒需要幫助時提供幫助，因此嬰兒會感受到安全感，藉此把玩玩具、探索周遭。接著，研究助理請母親離開房間，並觀察嬰兒對母親的離開有何反應、幾分鐘後看見母親回來時又有何反應。本實驗研究嬰兒在安全堡壘暫時離開的情況下，是否依然能相信自己的需求會受到滿足。

有些嬰兒在母親一離開就感到焦慮。母親回來後，這些嬰兒的情緒會暫時安定並停止哭泣，但接著又會發脾氣把母親推開，然後又開始哭鬧。安斯沃思稱這些嬰兒為「焦慮型依附」（anxiously attached）。

另一群嬰兒則是在母親一離開就開始哭鬧，但母親一回來就不哭了，馬上開始玩玩具。這些嬰兒屬於「安全型依附」（securely attached）。

第三種嬰兒對於母親離開沒有反應，對於母親回來也沒反應。他們假裝不在乎，但研究人員發現他們的心跳加速、焦慮感提升，代表他們和哭鬧的嬰兒一樣沮喪。這些嬰兒屬於「逃避型依附」（avoidantly attached）。

安斯沃思的團隊認為，人人都有依附和關注的需求，但我們發展出不同的機制，來應付我們的照顧者。

多年後，研究人員發現這個理論，同樣適用於成人的依附類型——能解釋我們依附在哪種類型的人、與他們的互動模式、以及許多感情關係好壞的原因。但是請不要現在就把自己感情問題怪到媽媽頭上。成人依附型態受到很多因素影響，親子關係只是其中一個因素。

「我是哪一種呢？」薇薇安問道。

我說：「妳可能是看到母親離開房間就開始哭，等到母親回來後，還繼續哭的焦慮型依附嬰兒？這類型的嬰兒，擔心自己的需求不滿足，於是生氣沮喪地哭鬧。成年後，他們害怕被拋棄，需要隨時和伴侶保持聯繫。」

「我就是這樣。」我對她抿嘴一笑，因為前週我沒來上課，她一口氣向我連傳七則訊息。

焦慮型依附者的大腦中充滿「拉近戰術」，逼他們想盡辦法恢復兩人的親密關係。例如，他們可能會不斷想著伴侶，或執著於伴侶的優點，同時貶低自己的優點。這種扭曲心態產生恐慌。若他們的伴侶沒有即時回覆訊息，就會擔心自己是不是被拋棄。只有在和伴侶積極交流時，他們才能甩掉焦慮。另外，他們很容易突然就進入一段關係，並一直不離開早該結束的關係，因為他們害怕孤獨，擔心這段關係是自己得到愛情的唯一機會。

我說：「我不是在指責焦慮型依附者喔。他們常表現出『抗議行為』。」

焦慮型依附者經常運用各種行為獲得伴侶的關注，他們可能會一直打電話、傳訊息，威脅說要分手好讓對方吃醋，或是透過掛電話和不接電話來傳達某種想法。

至於那些看到母親離去，即使內心沮喪但卻裝作冷漠的逃避型嬰兒呢？他們覺得自己不能依賴照顧者，因為照顧者只能滿足他們部分需求。他們長大後，就有成為逃避型依附的成人——他們假裝不想與人連結，藉此降低被拒絕所產生的痛苦。他們不認為可以依賴別人以滿足自己情感需求，所以避免與人親近。如果關係變得親近，他們就會遠離。這種遠離的行為稱作「疏離戰術」。如果你曾聽過對方說：「我還沒做好進入這段關係的準備」、「我只是需要空間」、「我工作很忙，所以現在無法和你交往」，這就是逃避型依附的行為。

逃避型依附者也會執著伴侶的缺點，並把這些缺點當成可以離開關係，並重新獨立的藉口。他們想像如果變成單身，或和別人在一起會變得多快樂。

我列出逃避型依附型態的特質，薇薇安點頭。「我之前的對象好像都是這樣。」她說道。

我告訴她「別太苛求自己」。這種現象其實非常常見。這叫做「焦慮——逃避迴圈」。焦慮型依附者期待他們愛的人會遠離。對方遠離後，他們就必須展開追求。薇薇安和住同棟公寓大樓的前男友交往時就是如此。

薇薇安說道：「當時好刺激！我會想：『他會回電嗎？這週末會和他見面嗎？』」這種被拒絕的可能會產生焦慮感，但薇薇安卻誤以為這是她內心小鹿亂撞。當對方開始遠離後，感覺就更強烈。

在此同時，那位逃避型依附的男人可能經歷著完全不同的感受。這種人害怕失去自由，所以薇薇安靠近他的時候，他對感情關係的不健康觀點，可能就受到強化——使他想跑更遠。

我說：「如果這樣想，焦慮——逃避迴圈是有道理的。逃避型依附者善於推開對方，所以只有碰到鍥而不捨的人，兩人才會進入關係。」

「我正是那種鍥而不捨的人。」薇微安說道。

我們點的飲料終於來了。薇薇安望著窗外，看到一對情侶坐在咖啡廳外的長椅上。「那第三種嬰兒呢？那些看到母親返回就不哭的嬰兒呢？」她問道。

「那些是安全型依附的嬰兒，他們相信母親能滿足他們的需求。安全型依附者是理想伴侶。他們可靠又可信，通常可以避免發生情緒化的鬧劇，但如果無法避免的話，能在鬧劇發生之前把它化解掉。他們能屈能伸、寬容大量、善於溝通。他們行為穩定，能建立健康的界線，能與人親密。根據研究，安全型依附者對感情關係的滿意度，高於逃避型或焦慮型的人。」

「我從來沒有遇過這樣的對象。」薇薇安回應道：「安全型依附者是不是只佔總人口的一％？」

其實，五〇％的人屬於安全型依附，二〇％的人屬於焦慮型依附，二五％的人屬於逃避型依附，其餘屬於焦慮——逃避型依附。這乍聽之下是好消息，但問題在於，雖然安全型依附者佔總人口五〇％，但他們佔單身人口的比例卻少很多，因為這類型的人很快就被搶走了。他們善於建立健康的感情關係，所以通常能長久交往。因此，單身人口就充滿焦慮型和逃避型的人。

我向薇薇安解釋一切後，她嘆了聲氣：「我放棄。」隨即把最後一口奶昔喝光。話是這樣說，但其實她並沒放棄。

練習：辨認自己的依附型態

如果好奇自己屬於哪種依附型態，請思考以下問題：

一、對於親近別人和親密程度，你感到自在嗎？你會避免與人親近嗎？程度如何？

二、對於伴侶是否愛你、是否對你有興趣，你感到多焦慮？你是否常常擔心自己的感情關係？

說明：

若你渴望與人親近，但卻對感情關係的未來感到不安，擔心伴侶對你沒興趣，你可能屬於焦慮型依附。

若你和人太過親近時，會感到不自在，而且重視自由大於兩人相處，你可能屬於逃避型依附。

若你對於親密或獨處都感到自在，而且不常擔心自己的感情狀況，你可能屬於安全型依附。

尋找安全型依附的伴侶

雖然薇薇安嘴上說要放棄，但那天聊完後的幾個月間，她努力改變找對象的策略，並開始尋找安全型依附的對象，這並非馬上就能做到的事情。她和新對象出去約會後，還是會抱怨他們很「無聊」。我深入問她後發現，「無聊」的意思是對方對她很好。例如，她和一位男性約會兩次後，和他說她下週末要去西雅圖，對方就傳給她一份推薦餐廳名單。她向我說這故事時，最後還說：「這就是為什麼我不想再和他見面的原因。」

「等等，為什麼？」我說。

「他很明顯太喜歡我了，太可悲了。」

我盡力協助她用不同的角度看事情。這位男性喜歡她，所以想幫助她，這是安全型的行為，不是可悲的行為。於是，我和薇薇安一起努力打破焦慮──逃避迴圈。

如果你對薇薇安的故事產生共鳴，而且覺得自己屬於焦慮型依附，你也應該朝這個方向努力。我不是說如果你覺得對方無聊，對方就一定是安全型，他們也有可能真的就很無聊。但請別再執著「追人」的感覺了，這就是我給薇薇安的功課：請和安全型的對象交往。他們說會傳訊息給你就是會傳，他們會告訴你他們心裡在想什麼，他們不會玩心理遊戲，他們會避免、或甚至化解不良情緒產生的鬧劇。

如果你屬於逃避型依附，要做的事也是一樣。請找安全型的伴侶！

學習管理自己情緒

在此時，你可以努力使自己轉變成安全型。在人的一生中，個人的依附類型相對穩定不易改變，但約有四分之一的人，能以四年的時間改變自己的依附類型。改變需要努力，但有機會改變成功。

薇薇安下定決心要改變，她必須學習自律，也就是管理自己的衝動和情緒。她訓練自己不要因為對方沒有秒回就恐慌。當遇到對方沒有秒回時，她會出去散散步或和朋友通電話，藉此安撫焦慮（無論是散步還是和朋友通話，都好過連傳十四則訊息給前天在公司電梯裡認識的男生）。

如果你屬於逃避型依附，當感覺自己正在遠離逃避時，注意自己的情緒，學習如何請對方給你空間，而不是消失得無影無蹤。若你發現自己執著伴侶的缺點，而且因為這些缺點而想離開他們，請嘗試不同的方法：練習看見對方的優點。記住，大家都不完美。若你選擇離開，你遇到的下一個對象也不會是完美的人。

改變自身依附型態並非簡單的事。我們之所以有現在的依附型態，背後有太多不自覺的原因，挖掘自己的過去經驗，可能會引出預料之外的複雜問題。我們和母親的關係如何影響我們的依附型態？如果我們現在尋找更健康的依附者，這是否代表背叛或拋棄母親？你可能要認清，自己當初沒有從最重要的人那裡獲得所需要的東西。許多人覺得，和治療師討論這些問題對自己很有幫助。

每堂健身課後，我都會和薇薇安聊她的感情近況。不久之後，當她遇到的男人開始對她表達興趣時，不會再說他們「無聊」。她自豪地傳訊息和我說，她叫一名絕對是逃避型的追求者滾一邊去。請各位猜猜後來發生什麼事？六個月後，她認識一位外貌英俊的男子。他剛從休士頓搬到舊金山。他們在某週五第一次約會。約會結束後，那位男生打電話給她並說：「我蠻喜歡你的，我想明天再和你見面。」薇薇安不再認為這種行為很「可悲」，便答應對方的邀約，隔天上午和他共進早餐。早餐後他們去散步，散步後去一間釀酒廠和她的朋友見面。在釀酒廠喝醉後，兩人一同搭計程車回到男生的家，然後一起睡長長的午覺。兩年後，他們仍然在一起睡午覺。

幸福關鍵

一、依附理論是一個廣受使用的框架方式，能協助我們了解自己感情狀況，解釋我們為何喜歡某種類型的人、為何過去的感情沒有結果、為何我們無法擺脫某些壞習慣。

二、分辨你是哪一種依附型態

- 如果你渴望與人親近，但卻對感情關係的未來感到不安，擔心伴侶對你沒有興趣，你可能屬於焦慮型依附。
- 如果你和別人太親近時，會感到不自在，而且重視自由還大於兩人相處，你可能屬於逃避型依附。
- 如果你對於與人相處或獨處都感到自在，而且能劃下清楚界線不被影響，你可能屬於安全型依附。

三、安全型依附者佔總人口的五〇%，但佔單身人口的比例較少，因為他們很容易就進入關係，而且關係可以很長久。焦慮型依附和逃避型依附者經常互相交往，使這個最糟糕的特質更加惡化。

四、若你屬於焦慮型依附或逃避型依附，你可以去找安全型依附的伴侶，並學習自律，也就是管理自己的衝動和情緒，藉此建立更好的感情關係。

第七章

尋找人生伴侶，而非短期伴侶
——判斷誰擁有長期關係的特質

布萊恩看起來像基努・李維（Keanu Reeves）的弟弟，而且比他更帥。

我在內華達（State of Nevada）沙漠的燃燒人節慶（Burning Man）上遇到他。燃燒人節慶是一年一度的藝術和迷幻慶典。第一天晚上，他從頭到腳都穿著白色亞麻布，脖子上掛著防塵護目鏡，對我耳語說：「我可以親你嗎？」我點點頭，調整頭上的米色毛帽。我選擇這頂毛帽搭配斑點連身衣，扮成雪豹。那天的DJ是保羅・歐肯佛德（Paul Oakenfold），我們在他播放的音樂聲中親吻，四周有數以千計的燃燒人在跳舞。突然間，音樂演奏到高潮段落，引爆群眾嗨翻，我們吻得更深。

後來，有一名穿著巫師袍的陌生人，遞給我們一張拍立得照片。他拍下我們相擁的畫面。「你們看起來深愛著對方。」我也確信我們深愛對方。在探索這超脫塵世的沙漠異域同時，與他墜入浪漫的愛河。

回到舊金山後，我還是對布萊恩非常感興趣，我們都在Google總部工作。有天下午，我們坐在總部的長椅上，分享各自的「收心」——也就是從燃燒人節慶調回到現實生活的歷程。布萊恩已脫下亞麻布，換上T恤和牛仔褲。

我們從微型廚房掃走了幾瓶啤酒，搭接駁車回到舊金山。上車後，我坐到他旁邊，咧嘴而笑。我們共聽一副耳機，他聽左耳，我聽右耳。他播放鐵與酒樂團（Iron and Wine）的〈The Trapeze Swinger〉。我閉上雙眼，回憶起兩人在沙漠裡跳舞的狂歡時刻。我心裡想著：這就是愛的感覺。

布萊恩外貌英俊、隨心所欲、幽默風趣，但做事也很不穩定。他不一定會回我訊息，說要來我家也未必會來。他知道我很喜歡他。他會在某天對我熱情，隔天又變得冷淡。我從沒想過這些問題：他善良體貼嗎？我信任他的判斷嗎？他會記得帶我們的孩子去看牙醫嗎？（照他自己看牙醫的習性，肯定會忘記。）

現在回顧當初，我非常好奇，為何像我這樣想找認真的伴侶、建立長期關係的人，會拼命說服他和我交往？為什麼我一直愛上像布萊恩這類型的人？我的選擇對建立理想的感情關係沒幫助。我並不是為了長期關係而交往，只是在尋找短暫的快樂。

「短期伴侶」和「人生伴侶」的差異

許多人無法幫未來的自己做出好的選擇，而且不只在感情方面。例如：我們拖延而不提早做家事（儘管知道最後還是要做）、我們不運動（儘管知道運動對長期健康很重要）、我們亂花錢（儘管知道存錢很重要）。這種行為來自高估現狀偏誤[1]（present bias）。高估現狀偏誤是一種誤判，使我們過度重視當下，沒有充分考量未來的狀況。

許多人不是為了長期關係而交往，像我在追布萊恩時肯定不是。我把這種行為稱為「追求短期伴侶」。短期伴侶要找誰？找上相的、找能讓你整夜玩得很瘋的、找讓你在朋友面前看起來能炫耀的。許多人高中畢業十年了，但還是用同樣的標準來挑潛在伴侶。你真的想和短期伴侶結婚？擔心伴侶是否會協助你照顧老父老母？會出席孩子學校的家長會嗎？兩人出國度假，當你拉肚子的時候，他會照顧你直到康復為止嗎？

第一次認識對象時，你可能不會去想這些問題。這些問題的答案，不會影響你是否想親對方、是不是想再次和他約會（誰會在第一次約會的時候想著拉肚子的事情？）但如果你在尋找長期伴侶，你必須找到能同甘共苦的、能依靠的、能共同做選擇的人，也就是人生伴侶。

我有幸接受情侶治療師艾絲特·沛瑞爾的指導。她曾向我解釋愛情故事和人生故事的差異。能與你共度春宵的人很多，但能和你攜手建立生活的人很少。她說，思考結婚對象時，不能想著「我和這個人能創造出什麼樣的愛情故事？」你應該去想「我是不是能和這個人攜手建立生活？[2]」這是最根本的差異。

很多人從青春期開始，就喜歡上短期伴侶。這是有道理的！青少年想的本來就是要和誰接吻，才不是去想要和誰共同生養小孩。

但你已經不是十五歲的青少年了，若你真的想找穩定的伴侶並建立長期關係，請別再找短期伴侶，請開始去找人生伴侶吧！

何時該離開短期伴侶

何時該做出這個轉變？答案因人而異，但我和行為經濟學家丹．艾瑞利談話時，我們替想要生小孩的人訂出一條通則——預計生小孩的六至八年前，就應該「刻意改變評估潛在伴侶」的方式[3]。這個數字並未經過科學證實，而是一個思考何時該做出轉變的框架方式。

我猜各位就和我的客戶一樣，現在是關鍵期。我這樣說，不是故意要使你們感到進度落後，我只是想鼓勵各位認真看待自己，開始和有潛力、能成為真心伴侶的對象交往。

請細細思考，你交往的對象通常是短期伴侶，還是人生伴侶？我有個客戶和我說，她曾經和一名獨居男性約會好幾次。她在他的公寓上廁所時，看到水槽內充滿鬍渣、垃圾桶爆滿、廁所還沒放衛生紙。這名女性是位事業成功、才華洋溢的專業人士。三十四歲的她告訴我，她想生「很多小孩」。我不是說廁所骯髒的男人不能成為好丈夫或好父親，但如果她已經三十四歲，而且想生很多小孩，就必須提早開始。你想想，哪一種人更有可能準備好成家？是一位會維持廁所乾淨的男生，還是一位自以為住在大學宿舍的男生？我建議她離開這名短期伴侶，專注去找人生伴侶。

如果你要轉向尋找人生伴侶，就必須能看出「高估現狀偏誤」並刻意學習克服。

擇偶條件是不是有錯？

我除了是感情教練以外，還扮演媒人的角色，為客戶安排相親。這麼做是因為我發現許多朋友和客戶不太會用交友軟體。身為媒人，我已和數十位客戶見面會談，了解他們挑選伴侶的標準。數千人已透過我的網站填寫媒合申請單，報名要把自己列入「洛根名單」（Logan's List）。我藉此充分蒐集資料，了解大家心中挑選真心伴侶的標準。另一方面，關係科學研究也提出了實際上讓長期關係成功的關鍵要素。我們可以比較兩者的差別。

許多對於關係科學的見解，源自於約翰．高特曼（John Gottman）[4]。他四十多年來致力於研究感情關係。他的實驗室被媒體稱作「愛情實驗室」（Love Lab）。多年來，他和同事羅伯特．列文森（Robert Levenson）邀請情侶到實驗室，請他們討論彼此的感情關係，並把對話錄下。

他請情侶分享他們見面的故事，並回憶近期發生的爭執。他甚至在公寓內裝設攝影機，請情侶到公寓度過週末，觀察日常生活中的互動。

在情侶參與公寓研究的數年後，高特曼會聯絡他們，問他們的感情狀況。這些情侶分為兩類——婚姻仍然幸福美滿，屬於「大師類」；分手或在一起，但不幸福的屬於「災難類」。他研究兩類情侶當初在公寓的影片，找出大師類和災難類之間有何差異。

高特曼和其他關係科學家的研究，告訴我們哪些特質能達到幸福美滿的長期關係。換句話說，他們的研究告訴我們「優秀人生伴侶應有的特質」。可是，那些找我當媒人的客戶，所重視的卻不是這些特質。他們追求短暫的優點，也就是優秀短期伴侶的特質。

沒想像中重要的特質

我們不僅小看對長期關係有利的特質，更過度重視和長期關係無關的特質。部分原因是聚焦錯覺（focusing illusion），這個認知偏誤使人在預測未來的幸福等結果時，通常會高估某些因素的重要性[5]。

行為經濟學家丹尼爾·康納曼（Daniel Kahneman）和大衛·施卡德（David Schkade）曾探究這個現象。他們詢問密西根州（State of Michigan）和俄亥俄州（State of Ohio）的大學生：

在他們眼中，像他們一樣的中西部大學生比較快樂，還是加州（State of California）的大學生比較快樂？兩位研究員也詢問南加州的大學生相同問題。

兩組學生都認為加州學生比較快樂，但研究人員發現，加州和中西部學生的人生滿意度幾乎相同。

兩組學生都高估溫暖氣候對日常滿意度的影響，這是因為氣候是兩地之間「容易觀察的明顯」差異。他們忽略了其他影響快樂的因素，包括課業表現、社會地位、家庭問題、金錢問題、職涯發展等。兩地的學生都受到這些因素的影響，無論氣候差異，這些因素是一樣的。然而，學生在比較兩地的生活時，選擇聚焦天氣，並高估天氣的影響力。

康納曼對實驗發現做出完美總結：「當你在想某件事情的時候，那件事情對人生的影響，就沒你想得那麼大。」光是在想某件事情，就會強化這件事在心中的重要程度。

由上可知，我們在挑選伴侶時，有可能陷入聚焦錯覺。我的客戶經常列出「我需要喜歡跳舞的對象」等擇偶條件。當下，他們聚焦在自己對舞蹈的熱愛，因而產生聚焦錯覺——光是想著跳舞，就會令他們高估其重要性。其實，就算他們每次跳舞都跳到汗流浹背，每個月跳舞的時間也才不過幾小時。但是人經常執著在不重要的特質，反而忽略「和長期關係的幸福美滿」關聯度更高的因素（稍後說明）。

外貌、金錢等因素就是這樣。這些因素當然有影響，只是影響力遠低於我們所想。

一、金錢

別誤會我的意思，金錢很重要。如果兩人生活在非常貧窮的狀況，無法滿足基本食衣等需求，他們的婚姻也會受到影響。德州科技大學（Texas Tech University）的心理學家研究接受治療的情侶，發現低收入情侶對感情關係的滿意度，遠低於中收入的情侶，他們的不快樂程度，相當於離婚前幾個月的情侶[6]。

財務困難會對婚姻造成壓力，眾所週知[7]。財務困難是造成離婚的主因。金錢等資源充分的情侶不用面對各種困難的財務選擇，不用思考要讓老大做牙齒矯正，還是幫老么請數學家教。此外，哈佛大學商學院研究發現，有能力外包烹飪或清潔等耗時家事的情侶，對感情關係的滿意度較高，因為他們有更多可以互相陪伴的時間[8]。

然而，這些研究結果，不代表人應該為了幸福而追求最富裕的伴侶。過了某個界線，金錢就無法再讓人產生快樂。這個界線難以決定，但行為經濟學家康納曼和安格斯．迪頓（Angus Deaton）的著名研究發現，當年薪超過七萬五千美元後，情緒幸福感（emotional well-being，經濟學界術語）就不再隨年薪增加而增加[9]。

其它研究發現，人從金錢獲得的快樂，取決於身邊的人所擁有的財富[10]。換句話說，你的房子是大是小不重要，重要的是鄰居的房子比較大還是比較小。

為什麼會這樣？這是因為，我們會適應自己所處的情況，而經常忽略人會適應、會習慣某種情況的過程。無論某件事情有多美好，新奇感終究會慢慢消失，讓我們不再注意這件事。當我們不再注意這件事，這件事帶給我們的開心或痛苦，就會少於我們注意這件事的時候。這可以解釋心理學家菲利浦・布里克曼（Philiop Brickman）於一九七八年的研究結果[11]。布里克曼的團隊調查樂透得主在中獎後的一年，發現長期來說，樂透得主的幸福感低於大家的想像。他們的幸福感和一般人一樣，而且比沒贏得樂透的人，更難享受人生中的小確幸。樂透得主適應了他們的環境覺得不再新奇，而且他們的財富，對自己人生滿意度的影響，遠遠不如預期。

●擇偶建議：

做決定時，我們經常執著「這項決定立即帶來的快樂或痛苦」。但切記，我們的預測能力很糟！我們無法預測這些感受，會如何隨時間而改變。金錢雖然很重要，但影響是有限的。當你思考感情關係的未來時，考量金錢是對的，但請不要把這個當成第一因素。

二、外貌

大家都知道，「外貌」在人生各階段都能發揮影響力。長相好看的人收入較高[12]，而且在政治角力中，往往能打敗長相沒那麼好看的對手[13]。許多探討外貌的研究中發現，長相好看的人在大家眼中更有說服力、更值得信任、更外向、社交能力更好更強、更有性反應、更健康、更聰明、更討喜[14]。

人以外貌當作擇偶條件，有其歷史和演化因素。遠古時期，人生就是不斷為生存而掙扎。光滑的皮膚或毛髮茂密等吸引人的外貌特質，代表健康和生命力[15]。這是一個重要的擇偶條件，因為配偶可以將這些優秀特質傳承給下一代，而且配偶本人的存活機率較高，就可以共同養育子女。因此，我們的大腦訓練我們追求俊男美女。

拜現代醫學和工業化糧食生產技術所賜，現在我們不用面臨過去的挑戰。我們的子女生存機率很高，所以不再需要把生殖適應性，也就是把基因傳承給後代的能力，當作最重要的求偶標準。就算有人在青少年時期曾經長痘痘，他的孩子也會好好的。

再者，只重外貌的人忽略了一件事——性慾必然隨著時間而衰弱（記住，我們的目標是長期持久的關係）。心理學家泰．田代（Ty Tashiro）在著作《從此幸福快樂的愛情真相》（*The Science of Happily Ever After*）中分析一則長達十四年的研究[16]，這研究探討婚姻滿意度會怎樣隨時間而改變[17]。他發現七年之間，對伴侶的「色慾」（性慾）衰滅速度比「喜歡」（忠誠與體貼等友誼特質）快兩倍。

生物人類學家海倫．費雪（Helen Fisher）曾解釋此現象背後的原因[18]。性慾起初會很強，但會隨著時間衰退。我們愛上對方時，就像對藥物上癮。費雪發現，戀愛所啟動的大腦區塊和吸古柯鹼相同。

性慾的衰退也是人類在演化中會遇到的。我們對伴侶的「上癮」，這會讓我們留在伴侶身邊，和伴侶生小孩並把小孩養到四歲、能稍微獨立為止（至少在遠古草原上是夠的）。任務完成後，性慾就會衰退，大腦會解放我們，告訴我們應該要和新的伴侶生新的孩子，藉此增加至少一名子女，可以平安長大並傳承我們基因的機率。

如果你和伴侶處在天天做愛的階段，你能預測性慾衰退後，關係會變成什麼樣嗎？

如果你追求的是高品質性愛，外貌好看的人在床上的功夫，也未必好。俊男美女可能從未學習某些技能，因為他們從來就不需要這些技能。電視劇《超級製作人》（*30 Rock*）其中一集〈*The Bubble*〉將這點發揮到極致[19]。喬・漢姆（Jon Jamm）飾演的角色因為太帥就被孤立。他曾是職業網球選手，但卻不會發球，行醫卻不會哈姆立克法（Heimlich Maneuver）。蒂娜・費（Tina Fey）飾演的角色抱怨道：「他的性愛功夫和我一樣差。」而她深諳世故的主管，切身體會過這個現象。他告訴她：「這就是長太帥的危險之處。當你身在泡泡之中，沒人會告訴你真相。」因此，別以為俊男美女就是理想愛人。

最後，記得剛才提到的人會適應狀況。即使和長得最好看的人結婚，你有一天會習慣他們的長相，起初的開心感會衰退。人的性慾有很大一部分和新奇感有關，所以無論伴侶有多性感，你對他們的性慾很有可能會隨時間衰退，因為這對你而言不再新奇有趣。網路上有一段哲言，我在此改述：「每一位俊男美女的背後，都有一個厭倦和他們做愛的人。」熱戀總有一天會衰退！性慾總有一天會衰退[20]！重點是，對方是否有其他地方吸引你，而不是去找最性感的對象。

● **擇偶建議：**

外貌的吸引力可能使人忽略「對方和自己長期相容嗎？」。請思考對方是否吸引你，而不是社會如何評價對方長相。別把性慾擺在更重要的長期因素之前。

三、和自己個性相似

我的客戶常說，他們想找和自己個性類似的對象。我聽有人說：「我很外向，他很內向，這樣不行。」或：「我很神經質，但他似乎沒什麼煩惱，我們不適合。」

年齡較大的客戶很多都抱持這種想法。年輕時的戀愛就像創業，兩人共同建立生活。我們還有一些彈性，還在探索自己的喜好與厭惡。年紀大了以後，我們開始思考長期關係和婚姻，這個過程比較像合併——將兩位完整的個體結合在一起。年紀愈大，行事風格就愈固定，人就愈希望找到可以快速融入自己生活的人。我們假設兩人個性愈相似，合併的過程就愈容易。

但這個假設錯誤。研究發現，個性是否相似和長期關係幸不幸福無關。我訪談西北大學

（Northwestern）教授兼婚姻專家伊萊．芬克爾（Eli Finkel）的時候，他說：「對感情關係的滿意度或幸福感，和個性相似程度之間並沒有關聯[21]。」換句話說，如果我們排除個性不夠相似的人，只會把潛在伴侶的範圍縮小。

問題在於，你會想和自己交往嗎？我是不會啦！

我有一名客戶，他是派對上的靈魂人物，擔任活動推廣員，為人活潑外向。他的交往對象安靜體貼，通常晚上十點前就上床睡覺。他不禁思考：如果我和更像我的人交往，我的人生會更好嗎？

我請他坐下，告訴他，兩個像他一樣的人共處一室都嫌太多，更何況彼此交往！他們肯定會搶著當眾人的關注焦點。「你看過《驚險大挑戰》（*The Amazing Race*）嗎？」我問他。這齣電視劇跟拍許多情侶、朋友或家人旅行異地去解任務的過程。「個性太相似的二人組會吵架。」我說：「他們卡在同樣的事情上無法解決。最成功的二人組是個性互補的。他們的特質不同。當他們錯過班機時，其中一位會另外找方法解決並安撫另一位的情緒，這就是獲勝的關鍵。人生伴侶也是這樣。」

接下來一年間，他努力欣賞伴侶跟他不同的地方，而不是希望把伴侶變得更像他。最近，他們決定生小孩。

- **擇偶建議：**

找和你個性互補的對象，不要找個性相同的對象。

從遺傳學看擇偶這事

許多人希望找個性相似的對象，但密西根州立大學（Michigan State University）研究人員威廉．喬皮克（William Chopick）和理查德．盧卡斯（Richard Lucas）曾研究二千五百對平均在一起二十年的已婚情侶[22]。研究發現，個性相似的情侶對感情關係滿意度，並沒有比較高。

以基因角度來說，為了能演化，人的本能可能使我們會去喜歡基因不同的人。有理論說，我們受到基因和我們不同者所散發出的氣味吸引，因為若我們和他們交配，就可以傳承不同的基因，使後代更強壯、生存率更高[23]。

瑞士生物學者克勞斯．魏德金（Claus Wedekind）曾透過著名的T恤實驗來探討這點[24]。他蒐集男女學生的DNA樣本，請男學生連續兩晚都穿同一件棉製T恤，並避免性愛等產生氣味的行為。接著，他請女學生去聞六件T恤，並評分每一件的氣味強度、令人愉快的程度和性感度。他發現女性喜歡「基因和自己差異大的男人」的氣味（湊巧的是，服用口服避孕藥的女性正好相反[25]。若情侶結婚後女生停用避孕藥，她可能會轉而去喜歡不同的人）。

四、共同興趣

我和一位老朋友在公路旅行時，討論到她和她先生都喜歡打網球。我們一路聊到加油站。等加油的時候，她下車滑手機。上車後，她把手機拿到我面前給我看，說：「我的公婆很可愛吧？」手機顯示的是一張模糊、自拍技術差的情侶照，這對情侶大約六十多歲。

她啟動汽車時說：「其實，我公婆能結婚這麼久，我很訝異。他們沒有什麼共同點。」「共同興趣其實沒大家想得那麼重要。」我回應道：「你可能低估他們其他的共同點。」她已先聽我介紹過高特曼夫妻了。

本章稍早提到約翰．高特曼。他的妻子茱莉．高特曼（Julie Schwartz Gottman）是著名的臨床心理學家。約翰花費許多年窩在實驗室裡，替情侶的微表情編碼。可想而知，他自稱「熱愛室內活動」，笑稱自己可以想像去野餐的一千種死法。但茱莉喜歡接觸大自然，她大學時期是滑雪選手，願望是爬到聖母峰基地營慶祝五十歲生日。約翰連去野餐都會怕，請想像他和茱莉拿著冰斧攀爬聖母峰的樣子。

他們當然在結婚前就知道兩人的差很多，但由於他們的研究，所以也知道情侶不需要有共同興趣，也可以建立幸福美滿的長期關係。現在，他們已結婚三十多年，生活幸福美滿。

關鍵在於——興趣不同沒關係，只要在追求興趣的同時，也能為關係做出貢獻就好。如果你喜歡葡萄酒，但伴侶卻不在乎這點，這也沒什麼大不了的，沒必要找個侍酒師結婚。重點在於，如果你在喝葡萄酒，或前往納帕谷（Napa）的酒莊品嘗新獲獎的卡本內蘇維濃紅酒（cabernet sauvignon），你的伴侶不會造成你的罪惡感，也不會問你「為什麼你一直在喝酒？」這種話。良好的感情關係可以容得下個性不同、興趣不同的人。

- **擇偶建議：**

別擔心對方的興趣和你不同。只要互相給予空間和自由，各自探索自己的興趣，雙方就能享受不同的活動。

伴侶無法扮演所有角色

關係科學家伊萊．芬克爾曾提出「另位密友」（Other Significant Other，簡稱OSO）的概念，可以幫助情侶協調不同的興趣[26]。許多現代情侶以為伴侶這身分可以滿足自己一切需求，期待伴侶扮演各種不同的角色，甚至是所有的角色。在我們結婚前，這些角色分散於我們的社交網路。

期待伴侶滿足自己一切需求，這種心態對感情關係產生壓力。「另位密友」可以減輕壓力。這樣想好了：如果你把數十頂帽子戴到伴侶頭上，帽堆會塌（伴侶也有可能跌到），但你可以把棒球帽戴到熱愛運動的表姊頭上，想聊棒球打點時，就可以打電話給她。你也可以把牛仔帽戴到熱愛鄉村音樂的朋友頭上，下次想找人跳鄉村疊步時就找他。

社會心理學家愛琳．張（Elaine Cheung）、溫蒂．葛德納（Wendi Gardner）和傑森．安德森（Jason Anderson）的研究支持這個概念[27]。他們發現，如果當一個人他身邊有多個（不只是一兩個）可滿足情感需求的人，總體幸福感會增加。例如，你生氣的時候可能會和室友抱怨，沮喪的時候可能會找姊姊。

進入一段感情關係後，你可以把另位密友的作用融入你的生活。請想想，有什麼樣的角色是你請伴侶扮演，但對方卻不願意的？例如：你希望對方和你一起參加大型派對，但對方卻喜歡小型聚會，或你希望對方帶你參觀博物館或美術館，但他就是不感興趣。記住，對方的興趣和你不完全相同，但不代表他們不適合你！對於伴侶無法扮演的角色，請找朋友或家人填補。長期而言，你會變得更快樂，因為你的需求得到滿足。你的伴侶也會感到更快樂，因為他們可以專注扮演符合自身專長與興趣的角色。

❸比你想得還重要的特質

我很少聽客戶說，他們的第一目標是要找情緒穩定的對象，或善於做出困難選擇的對象。有些客戶會說，要找善良的對象，但通常是講完理想身高範圍才會提到。然而，根據關係科學研究，以上這些特質對成功的長期關係非常重要，其重要程度更勝於膚淺的特質或擁有共同興趣。

大家其實都知道這些特質很重要，只是在挑對象時，經常低估這些特質的價值。其中一項原因是，這些特質不容易衡量，可能只能在實際相處後才能發現。因此，交友軟體可以用選擇顯示「簡單可衡量，但並不是很重要」的特質，下一章將會說明。

如果你想找人生伴侶，請找擁有以下特質的對象。

一、情緒穩定、心地善良

心理學家泰．田代在著作《從此幸福快樂的愛情真相[28]》中分析關於擇偶條件的既有研究，發現情緒穩定和心地善良是兩個最重要、但卻最不受重視的特質[29]。根據田代的定義，情緒穩定指的是自我控制、不被憤怒或衝動所左右。兩人的情緒穩定程度愈高，感情關係的滿意度和穩定度就愈高。

二〇一七年的一場TED演講上，田代說：「心地善良的伴侶很棒。他們擁有雅量又有同理心，願意支持你[30]。」心地善良和情緒穩定的人會關懷、同情他們的伴侶。根據約翰和茱莉．高特曼的研究，「關懷和同情」是成功的長期關係關鍵。

●擇偶建議：

若要評估對方心地是否善良，請注意他們如何對待與他們沒有利害關係的人。他們對餐廳服務生好嗎？坐捷運時會讓位嗎？對還沒上手的新進組員有耐心嗎？對朋友和父母有同情心嗎？

若要評估對方情緒是否穩定，請注意他們如何面對高壓情境。他們會慌張失措，還是鎮定處理？面對各種情境的方式，是判斷伴侶情緒穩不穩定的指標。他們會仔細思考後應對，還是衝動做出反應？我向客戶解釋這個概念時，喜歡引用納粹大屠殺倖存者兼著名精神科醫師維克多．弗蘭克（Viktor Frankl）寫的一段話：「遇到刺激和做出回應之間存在一個空間。在這個空間之內，我們有權力選擇我們的回應。這正是成長和自由的所在。」情緒穩定的人會善加利用這空間。

二、忠誠心

人生順遂的時候，酒肉朋友與你同在，但你需要協助時，他們卻忘記你的手機號碼。在某些情況下，有酒肉朋友很好，但酒肉伴侶就不好了。請找一個能同甘共苦的伴侶，有忠誠心是關鍵。

我經常想起我姊姊，她在婚禮上說過的一段話。這段話取自腫瘤科醫師羅賓・荀塔勒（Robin Schoenthaler）所寫的文章，標題為〈他會不會幫你拎包包？〉（Will He Hold Your Purse?）[31]。

荀塔勒說，她觀察幾千對經歷危機的情侶後，體悟到感情關係的關鍵：「我很榮幸能觀察這些情侶，但缺點是，我看到單身的女性朋友，她們放在線上交友平台徵友啟事時，會不禁皺眉。『要喜歡在日落時分的海灘上散步、要喜歡貓』、『法國料理、划獨木舟、旅行』、『我在尋找釣魚夥伴，要會弄魚餌』。這些啟事，令我不禁想站上腫瘤科醫師的講台，大聲宣告：『尋找擁有高級釣竿的朋友，在短期而言或許很棒，但你們應該去找一個會在癌症診所幫你拎包包的人。』」

我姊姊找到一位當有需要時，隨時都能幫她拎包包的男人。換言之，她的丈夫會做她的後盾，在她低潮時照顧她。請找有忠誠心的人，找一個無論是你贏得產業大獎，還是進了癌症病房，都會陪伴你的人。

● 擇偶建議：

如果要評估對方的忠誠度，其中一個簡單的方法，就是看看他是否有來自人生不同階段的朋友。這些年來，他們還有多少長期友誼？當他們的大學好友陷入憂鬱時，他們就不管他嗎？還是和大學好友會每個月見面，一起看午後場電影？他們過去認識的人，是否依靠他們的陪伴和支持？當然，這些指標其實並不常見，因為有些人到處搬家，或住在難以融入的地方。但總體而言，長期友誼是判斷有沒有忠誠心的指標。

三、成長型思維

史丹佛大學（Stanford University）心理學家卡蘿・德威克（Carol Dweck）研究「成長型」和「固定型」思維數十年[32]。擁有成長型思維的人，認為他們可以提升自己的智力和技能。他們喜歡學習，以挑戰為向前邁進的動機，把失敗當作提升能力的理由。他們個性堅韌，並且勇於承擔風險。然而，具有固定型思維的人恰恰相反，他們認為才華和智力是先天決定，覺得承擔風險做事可能只是自取其辱。

請找一位具有成長型思維的伴侶，因為人生必然會遇到問題。遇到問題時，理想的伴侶會面對問題，而非什麼都不做。具有成長型思維的人，更有可能會花心思改善感情關係，而不是假設問題無法解決，最後放棄離開。

- **擇偶建議：**

藉由觀察對方如何處理人生中的各種情況，可以判斷他是否具有成長型思維。

判斷對方是否具有成長型思維

面臨的情況	「固定型思維」反應	「成長型思維」反應
面對挑戰	避免挑戰	迎接挑戰
遇到挫折	放棄	堅持
對學習新技能的看法	認為只是在自取其辱	認為是成長的機會
面對他人的成就	感到威脅	感到啟發
自我對話	大聲批評，譴責自己	體諒自己

四、能引發出你最好的一面

到頭來，感情關係的重點不在於兩人各自的性格，而是兩人在一起的結果。對方能引發出你什麼樣的性格？他們的善良，是否讓你感到自在、感到關懷？還是他們的焦慮，使你感到焦慮？你必須了解對方引發出你什麼樣的特質，因為兩人相處時，你就會成為這樣的人。

我有個客戶曾遇到一位條件完美的對象。這位對象是男生，符合她一切期待，尤其他天資聰穎，事業有成。可惜的是，兩人相處時，他總是令她感到自卑。他會問她為何挑自己做不來的食譜，嘲笑她把畢卡索（Pablo Ruiz Picasso）海報上框還掛在牆上。每次約會後，她都會懷疑自己的選擇錯誤，甚至懷疑自己。剛開始，她覺得這些批評能使自己變得更堅強。她告訴自己，對方只是在讓她變得更好。但與我談話後，她發現他其實缺乏安全感，而且連帶使她也缺乏安全感。他表面上的條件如何，並不重要。重點在於兩人相處時，他令她感到自卑。她才不要終其一生陷入自我懷疑，因此決定分手。

我有另一位客戶說，他的女友會讓他對自己的能力有自信。女友會向他尋求建議，而且會採用他的建議。女友對他的依賴，使他覺得自己有價值、有能力。他很喜歡女友引發出這樣的自己。

- **擇偶建議：**

和對方相處當下，或剛相處完畢時，你有什麼感覺？感到有精神？感到洩氣？感到無聊？覺得被挑戰？覺得快樂？感受到對方對你的渴望？覺得自己聰明？覺得自己很笨？請選擇能把你最好的一面帶出來的對象。

參考第三方觀點也是很好的做法。你可以帶著對方和一群朋友見面，事後不要問朋友「你覺得他是個怎樣的人？」而是問朋友「你覺得我和他相處時，是個怎樣的人？」

五、處理爭執的能力

爭執不是什麼有趣的事，但爭執不一定造成災難。若你缺乏良好感情關係的榜樣，沒看過別人如何吵架、如何和好，請不要擔心，處理爭執的能力可以學習。

無論是對小事意見不合，還是雙方大吼，爭執就是處理問題的機會，能避免雙方累積怨恨。我有一位朋友，會盡力避免和女友起爭執，並為此感到自豪。他女友裝潢房子時，他覺得女友留給他的空間不足。他想與女友談談，但他認為避免衝突代表感情關係健康，所以沒有向女友提起這件事。過了一陣子，他對女友愈來愈不滿，他不再為經營感情做出貢獻，開始把多數時間投入工作，因為他有自己的辦公室。等到終於提起這事時，一切為時已晚。兩人之間的距離已遠，怨恨太深。於是，他們決定終結這段為期六年的關係。

提升處理爭執能力的第一步，在於了解感情關係裡的問題。問題分為兩類：可解決的問題、常態性問題。常態性問題指的是伴侶關係中無法解決、永遠會存在的問題。約翰．高特曼的研究發現，六九％的感情衝突屬於常態性衝突，永遠會存在[33]。

常態性衝突包括某一方喜歡出去玩，但另一方喜歡宅在家；一方喜歡整潔，但另一方生活習慣髒亂；雙方對工作、家庭、人生目標、金錢和性愛頻率看法不同。

假如你是一個任何活動都會遲到十分鐘的人，但你的伴侶卻來自一個抱持「早到是準時，準時是遲到，遲到就別來」的家庭，你們肯定會因為準時的看法起爭執。你們可能會找到方法管理雙方的差異，例如搭乘飛機時，兩人各自前往機場，但你們不太可能解決這個問題。目標不是說服對方改變，甚至也不是達成共識，而是找到有用的方法與不同想法共存。

已故的情侶治療師丹・懷爾（Dan Wil）在著作《蜜月之後》（*After the Honeymoon*）中曾寫道：「挑選長期伴侶，也是在挑選一組無法解決的問題[34]。」目標不是找到一個不會起爭執的伴侶，而是找到一個善於處理爭執的伴侶，一個不會令你擔心吵架後會結束關係的伴侶。

處理爭執能力的第二步，在於和好。約翰・高特曼提到「修復關係的舉止措施」，指的是避免吵更凶的言語或行為。成功的情侶能靠著講笑話、退讓或告訴伴侶他們欣賞對方的地方，來打破吵架時的緊張氣氛。

- **擇偶建議：**

切記，無論你選擇誰當伴侶，兩人難免會起爭執。請想想自己吵架的方式。你能清楚表達自己的心聲嗎？你覺得自己的心聲有被對方聽見嗎？對方有沒有透過修復關係的一些作為來緩解不同想法？目標在於怎樣處理爭執，而非完全避免爭執。

六、共同做出困難選擇的能力

你和伴侶一定會面臨困難的選擇。若你破天荒錄取一份外地的工作職位，該怎麼辦？如果小孩生出來發現有身心障礙，你該怎麼辦？年邁的父母需要全日照顧，你該怎麼辦？理想的伴侶能和你一起做出困難的選擇。

我有個客戶，他的女朋友在交往第一個月時失業，她必須在哀傷的同時尋找新的工作。如果她無法馬上找到好工作，她就必須面臨選擇，要留在舊金山或搬回東部。雖然這件事情很棘手，但我客戶說，在協助女友做出困難選擇的過程中，他發現兩人能共同面對挑戰。這個過程雖然辛苦，但也凸顯兩人的契合，進而強化感情關係。

● 擇偶建議：

若要了解與對方共同做選擇的感覺，最好的方式就是，實際和他們一起做選擇。必須是真正的選擇（不是下一餐要吃中國菜還是泰國菜）。對感情關係做壓力測試是很重要的一件事，不是請你刻意創造危機（例如傳訊息說：「怎麼辦？奶奶遭綁架了！」），而是請你在兩人遇到共同挑戰時注意觀察。例如，兩人一同烹飪高難度菜色或出國旅行時、兩人在路上開車，途中遇到車輛故障時、兩人各自收到同一個週末不同場婚禮邀約時，你們會如何處理？若兩人面對的是兩個一樣好（或一樣爛）的選項，必須挑一個時，你們會如何反應？

丹．艾瑞利建議兩人可以進行「獨木舟測試[35]」。是的，真實的獨木舟。兩人是否能找到共同的韻律？指的是其中一人主導時，另一人是否能安心跟隨？還是你們兩人都搶著要主導？最重要的是，遇到問題的時候，兩人很會怪罪對方嗎？請觀察兩人如何合作橫越波瀾起伏的水路。

別把短期伴侶帶進長期關係中

如上所說，我們以為某些條件很重要，可以讓長期關係幸福美滿。但其實並沒那麼重要的條件，通常是第一次與對方見面，就能輕易察覺的一些膚淺特質。另一方面，比我們想得還重要的特質，通常要等到交往後，或至少約會很多次後才會發現。因此，你必須刻意改變心態，專注在真正重要的特質。

改變心態並不容易。這是我的親身經歷。

很久以前，燃燒人節慶四個月後的某一個週六晚上，我傳訊息給布萊恩問他那晚有什麼行程，「我要去Bootie。」他回覆道。Bootie是當地的一個舞會派對，DJ會扮成機器人或海盜，而變裝皇后會在台上熱舞。我想和他一起去，但他沒邀請我。

我反過來邀請他，在派對開始前共進晚餐，我請客。我覺得如果能讓他想起我們兩人在沙漠裡跳舞的時光有多麼歡樂，他就會邀我一起去。晚餐後，我靠著遊說順利加入他朋友的暖身聚會。喝了一些酒之後，我堅持和他們一起去Bootie。

他朋友進入夜店時，我們兩人站在外面。我感覺好冷，因為我只穿一件皮革短裙，上面穿著一件絲綢背心（我當天不顧舊金山的寒冷夏夜而選這種穿搭，目的就是為了得到他邀約），腳踩高跟鞋，重心還不太穩。

他把手放在我裸露的肩上，看著我的雙眼說：「請不要跟我進去。我想和我的朋友去玩，想認識女生。你該回家了。」我哭著哀求他，但三十分鐘後，他離我而去，進入夜店找朋友。

我哪一步走錯了？我一人站在街頭，身旁是一間低質感的夜店，眼線和鼻涕從臉上不停滑落，竟然為了一個表達不明不白、令自己覺得蠢的男人難過。我聽過的約會建議，都沒有包含這種情境。

我之前也曾追求像布萊恩這樣的人。我知道自己一直在找錯誤對象，但不知如何改變。我非常想獲得有在進步的感覺，所以一週後，找了一位新的感情教練，名叫納蒂婭（那時的我還沒進到愛情事業）。

在納蒂婭的辦公室／客廳／禪修花園／能量交流室裡，我們兩人盤腿坐在地毯上。透過她的指點，我了解會喜歡布萊恩的原因，是因為和他相處起來很有趣很刺激，但並不符合我理想丈夫的條件，而且我也不喜歡他帶出我焦慮的那面性格。納蒂婭用嚴肅的俄羅斯口音對我說：「你的回家功課，就是想想你在感情關係之中，想要什麼樣的感覺。」

下次會談時，我分享自己想法：「我希望他會讓我覺得自己聰明、有趣、受人欣賞、對感情關係有安全感。」納蒂婭點頭表示贊同。

會談結束後，我散步回家。長遠路途上，我手拿回家作業，心裡感到沮喪。雖然我很感謝納蒂婭的協助，但我仍執著於布萊恩。即使在當下，我還是想著他在哪裡、他心裡在想什麼，或是想著誰。

我打開手機，思考要不要傳訊息給布萊恩。就在此時，有一個人透過日曆向我提出邀約。他名叫史考特，是公司同仁。

我們八年前在大學第一次認識。當時我們和一些共同朋友共進午餐。去年夏天，他在Google的接駁車站向我再次介紹自己。不久後，我邀請他參加另一場午餐聚會，這次是職場上的哈佛校友聚會。餐會上，我告訴大家我要學習統計用的程式語言R。史考特說，他剛中輟數學博士班，可以教我。

我們開始每週固定在公司見面。他很有教學天賦——心地善良、有耐性、幽默風趣。「根據你用R做的視覺化，老忠實間歇泉（Old Faithful，位於美國黃石國家公園）的噴發時間分布為何？」有一次上課時他問道。

「呈現雙峰分布？」

「沒錯！」他歡呼著與我擊掌。

可惜的是，我們之間才剛開始，他就說他不喜歡異國旅行，也不喜歡參與燃燒人節慶的人群。於是，我把他給淘汰了。

但這都是過去的往事。走回家的路上，我發現在告訴納蒂婭我想要的感覺中，史考特有很多符合之處。他令我覺得自己聰明、有趣、受人欣賞、對感情關係有安全感。

了解到哪些特質才是重點後，我以新的視角來看史考特，發現起初那些膚淺的特質其實不重要。我很喜歡和他相處時的感覺，即便他不喜歡整夜在沙漠裡通宵跳舞。之後數年，我發現納蒂婭的建議不只充滿智慧，更擁有強大的科學基礎。

那天下午，我散步穿越多洛瑞斯公園（Dolores Park），看著舊金山的天際線，做出一項重大決定。我答應他的午餐邀約。在那次午餐後，我們開始每週一起吃午餐，後來演變成天天一起吃午餐。

若透過網路去和陌生人約會不順，我們會打給對方吐苦水。史考特和朋友在我家附近錄製惡搞版的YouTube科技節目，名叫〈嬉谷〉（*Silly Valley*）。我們會在錄影前後幾分鐘見面。

有一天，我們一起吃完午餐後互相道別，他拿起從樹上跳下來的花朵，放到我的頭髮中，「這感覺像是一首俳句。」他說。我告訴他週五有空，他約我出來（所以其實是我約他）。

史考特和布萊恩兩人差很多。史考特清楚表達他對我有意思。我很期待與他見面，期待與他相處。我心裡不再懷疑「他喜歡我嗎？」，因為我明白知道他喜歡我。他會傳訊息說：「我很期待今天能和你見面！」、「我喜歡你的頭腦。」、「我想和你有快速進展。」

首次正式約會後兩週，我傳了一則充滿怒氣的訊息給他，因為我不爽他對我說的一件事。根據過去的交往經驗，我知道這則訊息會引發爭執。我會坐在沙發上，憤怒地滑著手機，心跳加速，怒噴連環短訊，氣沖沖地表達失望之情。我也知道接下來的劇本——我們會來回吵架，直到我氣到故技重施，不理他的來電和訊息，藉此表達抗議（為焦慮型依附者喝采！）。

但我們並沒有走上這條路。史考特回覆：「我們見個面，把事情談開吧。」這是我第一次和如此安全型的人交往，這是一種全新的體驗。遇到事情時，我們兩人會把事情談開，而不是猛然發起爭執（他母親是治療師，這也很有幫助）。

我邀請史考特參加在Google的午餐聚會，已是六年前的事情了。至今，我們去過兩次燃燒人節慶（他後來終於同意參加），去過泰國潛水五日遊，並住在同一間公寓。我們種過一次羅勒、三次仙人掌，結果都失敗了。我們很幸福，我們把程式語言R當作兩人的愛情語言。

幸福關鍵

一、從關係科學可以得知，有哪些要素能夠建立穩定的長期關係。

請尋找人生伴侶：值得信任、可靠且願意與你長期交往的人。

請不要尋找短期伴侶：短期相處起來很有趣，但長期相處後會令你失望的人。

二、外表和財富不如想像中那麼重要，不一定能讓長期關係幸福美滿，因為性慾會衰減，而且人會適應相處狀況。共同興趣和個性相似也是一樣的道理。

三、理想的長期伴侶應有忠誠心、善良、情緒穩定、可和你一起成長、一起做出困難的決定、妥善處理兩人爭執。

四、到頭來，感情關係的重點在於兩人的相處情況。請思考對方會引出你的什麼性格，因為在兩人相處時，你就會成為這樣的人。

第八章

使用交友軟體的技巧
——改善網路交友方式提升成功率

我曾在Tinder上拒絕史考特。我講過我們相識與重逢的故事，但剛才並沒說，在他開始指導我程式語言R之前，我曾在Tinder上看到他，但我滑過他的照片，然後拒絕他。

當時是二〇一四年，我下班後搭接駁車返家，塞在舊金山枯燥的車陣中，Tinder推薦一位看起來很熟悉的男性給我。我們有許多共同朋友。從共同朋友的身分判斷，他應該是大學同學。照片中的他反戴棒球帽，身穿運動背心，眼神嚴肅地凝視天空。看起來就是個好兄弟，不是我喜歡的類型，於是把他滑到左邊去。

現在此人讓我感到非常幸福，但當初在網路上看到時，為什麼拒絕他呢？我對他的判斷為什麼大錯特錯？對於長期關係，我以為知道自己要什麼，知道怎樣才會使自己快樂。我以為可以根據幾張照片就精準判斷一個人。

但我全都錯了。犯同樣錯誤的人不只是我。我有很多客戶生活美滿，個性好、有很多好朋友、有好的興趣、什麼都好，但就是一直單身。為什麼呢？原因在於他們找對象的方式錯誤。這不是他們的錯，也不是你的錯，錯的通常是交友軟體。

史丹佛大學社會學家麥可．羅森費爾德（Michael J. Rosenfeld）研究發現[1]，現在情侶最普遍的認識方法是「網路認識」，其次是「在酒吧或餐廳認識」，接著才是「透過朋友認識」（比較獨特的還有「在牛仔競技賽上認識」、「向陌生人抱怨這些交友軟體超爛的時候認識」、「紅龍蝦餐廳」）。

過去二十年來，數位交友的趨勢大幅成長。羅森費爾德研究發現，一九九五年只有二%的情侶在網路上認識，但現在竟然有高達三九%的情侶是透過網路認識[2]。透過網路認識的情侶愈來愈多，代表透過社群人脈——例如親朋好友和工作同事、或透過學校和教會等社區認識的情侶愈來愈少。

就像是所有的社群媒體，交友軟體雖然能促成許多好的感情交往，但也能強化使用者心中不好的認知偏誤。由於許多人都透是過交友軟體認識對象，而且不用交友軟體的人，也常約到使用交友軟體的人，所以交友軟體製作商對我們的感情生活有著潛移默化、萬分驚人的影響力，他們也能大大影響我們的選擇。

傳統經濟學假設人的喜好前後一致、固定不變，但行為科學家知道事實才不是那樣。其實，我們會受到環境的影響。在做選擇時，四周的環境會影響我們，無論是實體環境還是數位環境，都會產生影響。我們的選擇會受到選項排列方式所影響。我們還可能以為自己的喜好固定不變，但其實喜好很容易受到影響而改變。

我用飲食的選擇來說明。多年前，Google發現內部員工「M&M巧克力攝取過量[3]」。為了鼓勵員工健康飲食別吃太多，Google內部的行為科學家團隊，改變點心的擺放環境。他們不再把M&M巧克力放在大型透明罐裡，還用色彩繽紛的巧克力點心吸引人。他們把糖果改放在標示清楚但不透明的容器裡，以降低吸引力，並把無花果和開心果乾等比較健康的點心放在旁邊，並使用透明玻璃罐盛裝。

Google聰明的科技人才當然早就知道公司提供健康點心，但光是改變放食物的環境，就能使紐約辦公室的員工在七週內，從M&M巧克力攝取的熱量，減少三〇一萬大卡。這項實驗受到《華盛頓郵報》（*Washington Post*）報導，報導寫說：「這等於是辦公室內兩千名員工，每人少吃九包販賣機大小的M&M巧克力。」Google員工的喜好並沒改變，但那些不透明的容器卻改變整個環境，還對員工選擇產生重大影響。

現代戀愛生活裡，我們的選擇環境就是交友軟體，會受到交友軟體表列潛在對象的方式和順序所影響。這就是為何有客戶告訴我，他們在一個軟體上，對一個人點不喜歡，但幾週後卻又在另個軟體對同個人點喜歡。這些狀況中的細微差異，對我們的選擇產生重大影響。

我想在此澄清，我並不反對交友軟體。交友軟體已幫助牽線數百萬對幸福美滿的情侶。若不是交友軟體，他們可能不會認識彼此。對於LGBTQ＋族群等所謂淺碟市場（thin market）裡的單身人士、居住在地廣人稀地區者、年過五十的約會者，交友軟體更顯得意義重大[4]。況且，每家交友軟體各有擅長的地方。我喜歡那些專門幫助使用者遠離軟體、展開實際約會的交友軟體。（在本書完成後，我剛好接任Hinge的人際關係科學總監。這個交友軟體的目標，就是讓使用者遠離交友軟體，並實際去約會，它的標語就是「為了被刪除而誕生」。Hinge也請我做出本書的宗旨：幫助全世界數百萬人學習更有效的感情經營之道。）

可惜的是，某些交友軟體呈現資訊的方式，會讓人放錯重點，但這有避免的方法。我會教你如何有效使用交友軟體，在善用數位交友的同時，避免掉進陷阱。

我們找對象的方式錯誤

我在寫電子郵件的時候，強納森敲門。這是我們第一次會談，他遲到十五分鐘。我原本以為他不會來了。「抱歉，抱歉！」他向我伸出他的大手：「我工作耽擱了。」

強納森長得高、身材好、有魅力。他是某公司的執行長，微笑時或在念CEO的「C」時，臉上的酒窩會顯現出來。他是中西部人，搬到舊金山已經五年，在這期間幾乎是單身，又有幾段可能有機會的感情，但後來不了了之。他使用交友軟體很多年，卻沒成果，所以向我尋求協助。

前幾次會談中，我發現他的自我標準太高，人生成就很輝煌——曾擔任大學學生會長、獲得重要國際獎項、入選為羅德學者（Rhodes Scholars，指得到羅德獎學金的人，有「全球本科生諾貝爾獎」之稱的美譽），太多成就族繁不及備載。他志向遠大，也很體貼、幽默風趣（就是那種在小時候，父母會不斷拿他來和你比較的同學）。

他說：「我一直在用交友軟體，也去過很多約會。我知道我要的是什麼，但只是還沒找到那個人。我想找一位身材好的企業主管，身高至少一九〇公分。請問你可以幫助嗎？」

「是的，我可以幫你。」我回應道：「但幫的方式和你想的不同。」強納森需要的，並不是我介紹給他對的高大企業家，他必須徹底改變找對象的心態。首先，必須了解交友軟體對他的影響。

問題一：我們的大腦喜歡容易比較又好衡量的特質，交友軟體表列顯示的特質很膚淺，讓我們以為這些非常重要。

如前章說的，數十年的關係科學研究發現，讓長期關係幸福美滿的關鍵要素是——情緒穩定、善良、忠誠心，以及對方使我們產生什麼感覺。

但是現在的交友軟體，不讓使用者搜尋任何這一類的特質。怎麼可能有這種功能？光是精準衡量人格特質就很難了，更何況是評估這些特質，能在你心裡引發怎樣的感覺。交友軟體只能顯示可精準表現並分類的資訊，像是身高、年紀、職業、以及挑選美照的能力，使自己看起來帥氣但又親切、性感、活潑。

這不是好事。管理顧問常說：「人如其量[5]。」行為科學家丹．艾瑞利曾在《哈佛商業評論》（*Harvard Business Review*）的專欄上撰文探討這個議題：「人類會根據衡量指標調整自己的行為。任何衡量指標，都會讓人想盡辦法提升分數。衡量什麼，就會獲得什麼，就是這樣。」艾瑞利說，如果實施飛行常客獎勵制度去衡量旅客的飛行里程，並告訴客戶里程數很重要，客戶的行為就會改變。為了增加飛行里程，客戶會訂購從遙遠機場起飛的奇怪時間航班。換句話說，我們耳根軟，當看到衡量指標，就會覺得很重要。雖然大家向來就重視某些膚淺特質，但交友軟體更是強化這些特質在我們心中的重要性，因為交友軟體會衡量、呈現、強調這些特質。

芝加哥大學（University of Chicago）的奚愷元（Chris Hsee）曾提出相關的概念，將這個稱作「可評估性」（evaluability），指的是愈容易衡量的特質顯得愈重要[6]。

請想像一個情境（為了思想實驗的進行，請想像自己喜歡男生）。我在大街上抓住你並問說：「有兩個單身男子，你必須挑一個約會，一個身高一七五公分，另一個身高一七八公分，但矮的那位收入較高。你想和誰約會？」你最有可能直接走人，搞不懂為何這陌生人要問你怪問題。但若你停下來，我可能會接著問你：「矮的那位年收入要增加多少，你才會覺得他和高的那位，會一樣吸引人？」

此時，你可能會尷尬地笑出來，告訴我這種實際數字不存在。然而，丹・艾瑞利的研究顯示，實際數字真的存在[7]。他發現身高和收入，與在交友軟體上的成功機率呈現量化相關，而且差距不小。艾瑞利分析一家熱門交友網站的資料後發現，男人的年收入必須增加四萬美元，吸引力才會等於身高高一英吋（相當於二・五公分）的男人。是的，四萬美元。

可評估性的概念可以解釋這背後的原因。現實生活中若遇到身高一七五公分和一七八公分的男生，其實你根本不會發現到兩人的身高差異（也不會知道他們的收入，除非他們主動告知，但這樣問實在很噁心）。但如上面說的，特質變得愈容易衡量，就愈顯得重要。交友軟體讓人們去比較身高變得很容易。女性喜歡身高高的男性，自古以來都是，但數位世界更是強化這種偏好。由於網路交友平台的個人介紹頁面上會清楚列出身高，長得矮的男性就處於劣勢，而且吃虧的程度更大於現實世界。難怪強納森對未來丈夫的身高這樣執著！

你可能會想，女性的收入對別人的吸引力有何影響？其實沒影響。在交友網站上，高收入男性對女性有吸引力，但高收入女性對男性並沒有同樣吸引力。男性在評估女性條件時，最在乎的是身體質量指數（BMI）。男性喜歡身體質量指數十八・五，就是體重稍微過輕的女性，而不在乎女性的薪水和教育程度。然而，其實並不是男性最在乎人生伴侶是胖還瘦，而是因為，交友軟體顯示的可比較特質沒那麼多。

回到故事開始，為什麼我當初在Tinder上看到史考特時，把他滑向左邊？當時的我，用交友軟體顯示的膚淺特質為擇偶標準，他不符合我心中理想伴侶的形象。如果你在我滑交友軟體時，問我重視什麼特質，你覺得我會回答：「我想找身高一七三公分、吃全素的工程師」嗎？應該不會。我甚至可以把身高底線設為一七五公分，把史考特篩掉。然而，在和許多潛在對象約會後，我發現史考特才是相處起來最快樂的（而且後來發現，他根本不像照片裡的兄弟們）。

由此可見，交友軟體強調可衡量、可比較的特質，讓我們迷失方向，使我們重視這些特質，然後忽略科學證明出的重要特質。

問題二：我們以為自己知道想要什麼，但其實不一定。交友軟體會讓我們篩選掉優質潛在對象。

我的客戶經常洋洋灑灑列出自己的擇偶標準，但奇怪的是，大部分的人約會對象有限。在相對有限的經驗下，我們也不擅長判斷對方是不是能長期相處愉快。然而，我們卻自以為很了解什麼特質會讓自己幸福快樂。

這是一大重點！請拿螢光筆畫在這句話上——**絕大多數的人根本不知道，怎樣的伴侶能長期使我們感到滿足。**

確實，我們認為自己知道想要什麼、我們能洋洋灑灑列出自己的擇偶標準。但自己愛上的人，很可能不符合這些特質。最後和你在一起的伴侶，可能和預期中差很多。我本來也沒有想找一位吃全素的工程師當伴侶。

對於什麼樣的特質、什麼樣的對象能使我們長期幸福，我們常常判斷錯誤，這個現象並不是科技產生的新問題。但在現實生活中，人會遇到各類潛在對象——高的、矮的、胖的、瘦的、聰明的、風趣的、內向的、信仰虔誠的、無神論的等各種人選。在讀書會、陶藝班或朋友生日派對等實體社群尋找對象的人，就會遇到不是心中「喜歡的類型」的人。你可能會和這樣的人曖昧，進而交往。你可能會驚喜地發現自己原先擇偶條件——例如喜歡身高比自己高、或家裡要信教，根本是大錯特錯。

然而，交友軟體不會給你發現錯誤的機會，因為你可以篩掉不屬於「喜歡的類型」的人。我曾訪談許多透過非網路管道認識丈夫或妻子的人士，問他們：「如果你當初在網路上看到你現在的伴侶，你會往左滑還是往右滑？」許多人告訴我，當初根本就不可能在交友軟體上看到現在的伴侶，因為他們的設定，會把伴侶這樣的人篩選掉。有一名男性說：「我把年齡上限設為比我大一歲，但她比我大五歲。」另一位說：「我設定只顯示猶太男生，但他是佛教徒。」

許多數位軟體在使用者建立帳號時，會有個初步設定程序。例如，網飛（Netflix）詢問使用者喜歡哪類電影，交友軟體則是問使用者喜歡哪類人。還詢問可接受的年齡下限？年齡上限？身高上限？身高下限？是不是接受對方抽菸？喝酒？

務實來看，交友軟體利用初步設定程序，限制潛在對象的數量有它的道理。交友軟體不可能無限量顯示潛在對象，必須用某種方式圈選範圍。然而，大多數使用者並沒仔細去選。初步設定程序中，使用者只想趕快看見潛在對象。他們不假思索就回答問題，就像在超級市場自選三明治配料一樣，但交友設定又不是選擇煙燻火雞、芥末醬或超濃厚切達起司。我們急忙之下選擇的交友設定，可能會帶來快樂，也可能不會。

當然，建立帳號後也能變更設定，但很多人不會這麼做。這是因為現狀偏差（status quo bias）——人喜歡維持現狀，避免麻煩[8]。這就是為什麼採取訂閱制的商業模式通常獲利豐厚。每個月自動續約的健身房會員制，會員退出的機率小於每個月詢問會員是否續約的制度。

交友軟體也一樣。一旦在使用者建立帳號時，就完成偏好設定，之後變更設定的機率不大。交友軟體只會顯示符合最初設定的人選，就是我們認為自己想要的類型。若你認為自己不喜歡身高比自己高的女性，而交友軟體只會推薦矮的女性給你，你就永遠沒有機會發現自己錯誤。

問題三：交友軟體以選擇商品的方法選擇伴侶。

許多人在購買商品前會進行大量研究。例如，買相機前可能會比較像素、畫質、重量、電池壽命、價位等各類指標。交友軟體讓我們誤以為找伴也可以貨比三家。

學者曾經把陌生人或朋友轉變成情侶的過程稱為「relationshipping」，但現在他們提出一個新的現象：「relationshopping」（購物式擇偶）[9]，也就是像挑選新鞋一樣的挑伴。然而，若把伴侶當成商品在挑，會產生一些問題。

麥可．諾頓（Michael Norton）和丹．艾瑞利等行為經濟學家在研究論文中指出[10]，許多消費商品屬於「搜尋品」（searchable goods），例如相機、洗衣精、大螢幕電視等商品，可用客觀特質衡量。但搜尋品不同於「經驗品」（experience goods）。根據這些學者的定義，經驗品的評斷標準是「商品能引起的感覺，而不是可以執行的功能」，例如電影、香水、幼犬和餐點。這些商品的重點在於主觀、美感、整體、情感上的特質，與感覺的產生有關。最重要的是，這些商品必須親自體驗去評估，無法透過別人描述去斷定。有些電影評價很爛，但我們實際去看了卻捧腹大笑；有些葡萄酒評價很好，但我們實際喝起來卻覺得不怎樣。親自體驗這些商品後，我們有可能會感到驚喜，也有可能感到錯愕。評斷的過程取決於個人，不同於購買廣角鏡的考量。

論文作者說，人屬於經驗品。我們不是照相機，比較像葡萄酒。人無法用像是比較零組件的方式理解，但交友軟體卻把活生生、會呼吸又立體的人轉變成扁平的搜尋品，使我們誤以為人可以拆解成零組件，透過比較找到最佳人選。

交友軟體只能用履歷的形式來呈現潛在對象特質，只有實際和對方相處後，才能把對方當「經驗品」來欣賞。

問題四：交友軟體使人挑選約會對象時優柔寡斷。

下載Tinder的第一晚，我滑了六小時。是的，比追完《倫敦生活》（*Fleabag*）第一季還要久。我滑過數百位、甚至數千位潛在對象的介紹頁面。交友軟體不只混淆我們的擇偶條件，更使人難以選定約會對象。我們的大腦無法從那麼多選項中挑選伴侶。

稍早曾提到，心理學家貝瑞・史瓦茲對選擇弔詭的研究[11]：「我們以為，可以選擇會使自己更快樂，但其實未必。選項太多反而會使人不快樂，部分原因是選擇過載。比較各個選項太累了，可能會使我們放棄，乾脆不做決定。」

哥倫比亞大學（Columbia University）教授希娜・艾恩嘉（Sheena Iyengar）和史丹佛大學教授馬可・萊普（Mark Lepper）曾進行一項實驗證明這點[12]。這項實驗現在家喻戶曉——他們在高級食材店裡設置高級果醬試吃攤位。若攤位提供二十四種果醬，顧客前來試吃的機率高於只提供六種果醬。但是，有二十四種果醬可以選擇的顧客，購買果醬的機率遠低於試吃六種果醬可選擇的顧客。研究人員認為，若只有六個選項，人就可以有自信地決定自己最愛哪種，但二十四個選項太多了，人常常乾脆就不做決定。

超級市場的選項太多，顧客可能不去買果醬；交友軟體的選項太多，使用者可能就找不到對象。挑選潛在伴侶的難度，遠高於從二十四種果醬中擇一。使用者必須從上千種選項中挑選潛在對象，或許能找到一位廝守終身。我們可能會覺得潛在約會對象太多，最後放棄挑人，乾脆不去約會。即使去約會，也可能不知道要選誰認真投入感情。

選項太多的缺點不只是選擇困難。史瓦茲發現，即使我們能克服選擇過載並做出選擇，選項太多也會降低對最後選擇結果的滿意度（如第四章說的，完美派更是受這種效應所苦）。

我們會開始思考，如果當初選別的會怎樣？另個選項是不是比較好？我會不會更快樂？這種想法是一條通往後悔的黑暗道路。這個效應會隨選項逐漸增加而變得更嚴重。選項愈多，後悔所選的機會就愈多，這種感覺甚至造成憂鬱。在這種情況下，太多選項就是在減少你擁有的東西——至少滿足感會變少。

我幫助過很多人去約會。我知道並不是每個人在感情上都面臨選擇的弔詭[13]。這取決於種族、年齡、性別、性傾向和地區等影響潛在對象數量的因素（許多客戶希望有超多選項可以選）。但如果你的配對很多，或陷入無止盡增加配對的遊戲，你可能已經了解選擇弔詭的影響。切記，使用交友軟體的目的是讓你可以實際約會，而不是滑手機整晚。

問題五：看到關於對方的簡介，會自動腦補美好的細節，還產生不切實際的幻想，最後反而大失所望。

《獨領風騷》（*Clueless*）是我最喜歡的電影之一。電影裡，新來的女學生泰（Tai）詢問全校最受歡迎的女生雪兒（Cher）對同學安伯（Amber）的看法。雪兒說：「她完全就是一幅莫內（Monet）的畫作。遠觀還可以，近看就一塌糊塗。」

我稱這種誤判為莫內效應（Monet Effect）。如果我們對某人只有大概的認識，我們的大腦會自動地樂觀腦補所有細節，用來期待美好的結果。我們會把潛在對象想得異常美好，但等到實際見面後，才會看見對方的缺點。

企業中也有相同狀況。公司尋找新的執行長有兩個方法——內舉或外招[14]。研究這種決策的學者發現，選擇外招的企業對應徵者的期待非常高。評估外部應徵者時，公司只知道大概資訊，而這些應徵者只會表現自己成就。對於內部的應徵者，公司太了解這人，知道他的成就，也知道他做不好的地方。比起內舉的執行長，外聘的執行長薪水較高，但績效較差[15]。莫內效應可解釋這原因。

感情方面也是如此。查看交友軟體的個人介紹頁面，就像是遠觀某人，只能看到幾張精挑細選的照片和簡短基本資訊。等到你約對方出來，結果發現對方講話的音調讓你覺得煩、舉止不雅或講老爸笑話的實際場合不對。每個人都有缺點，對方有這些缺點是正常的，但你卻感到大失所望。你想象中的完美對象毀於一旦，那就回家繼續滑交友軟體吧。你放棄眼前的約會，開始幻想交友軟體上出現的下一位潛在對象。由於莫內效應的緣故，下一位對象看起來一切美好，但實際與那人見面後，你又發現他們有缺點，就這樣一直循環，產生「外國的月亮比較圓」心態，總是覺得下一個比現在好，就這樣無止盡地在這打轉，不斷認識對象，但又捨棄後找新的。

改善使用交友軟體的方法

這些問題都是你的障礙，讓你很難務實選擇約會對象，使你執著在沒那麼重要的地方，使你會用無法反映真實情況的方式，去比較潛在對象。但你可以改善使用交友軟體的方法。

變更篩選條件

交友軟體顯示的對象，反映你當初加入時設定的限制。請回想當時的情景。你下載交友軟體，心中充滿希望，彷彿春暖花開。交友軟體請你選擇身高和年齡偏好等設定，這步驟你大概隨便選選，因為你想趕快看到超多的約會對象。

基於以上原因，你可能做錯了。你可能以為知道自己想要什麼伴侶，但認知上很可能是錯的。因此，我希望你開放心胸，放寬潛在對象的篩選設定。把手機拿出來，變更設定。是的，所有的應用程式。是的，現在就做。原本你篩掉太年輕或太老的人，你能抱持更大的彈性嗎？如果有個很好的對象，但身高不符合你的範圍，你就真的不想試試？

另外，也請你想一下非量化的限制，例如「學歷：碩士」或「信仰：天主教」。這些「是／否」選項代表的可能是更為深層的價值——對知識的好奇或與傳統的連結，但交友軟體很難去真實反映這些價值。

現在就做，我認真的。我等你弄好再繼續！

我帶著強納森完成這項練習。他把身高限制放寬後，軟體上顯示的男性選擇就更多了。聰明和幽默依然是必要條件，但強納森知道這些特質必須透過查看對方的介紹頁面、傳訊息聊天和實際出去約會才能評斷，靠交友軟體是無法知道的。

換個角度看對方特質

變更篩選設定後，你要改變篩選的過程。請挑戰自己的原本假設。有一次我請客戶使用交友軟體，我在一旁觀看。我們滑到一位長相可愛的男子，而且自我介紹很風趣，她卻把他往左滑。我問她為什麼，她說：「他是顧問，顧問都很無聊。」什麼？所有的顧問？每一位顧問？她根據此人一項資訊，就假設自己知道一切。職業不代表性格，從事同一份工作的人可能個性都不同。

另一個案例是，我有個客戶很喜歡旅遊，希望能找到旅遊經驗一樣豐富的對象。在我的協助下，她理解到自己重視的是，對方是不是具有冒險和好奇的特質，而不是對方去過多少國家。多個月後，她遇到一位優秀男性。這位男生因為缺錢，所以從沒出國旅遊過，但他擁有我們辨認出的那些特質——他是一位創業家。我的客戶幫他申請人生中第一本護照。現在，他們經常一起旅遊。若她當初堅持己見，只挑選護照蓋滿出入境章的對象，她就不可能給他任何機會。

知道對方過去事蹟和現在狀態，不代表知道他未來的走向。請去找接受對方的理由。許多人使用交友軟體時，都在搜尋對方的缺點，或尋找拒絕對方的理由，請不要那麼嚴格。我曾看過有人讀到對方是「老師」就馬上拒絕（他說：「喔，他賺的錢養不起我。」），發現對方是「瑜伽老師」就立即滑掉（他又說：「我不想和崇拜水晶、想啟動我脈輪的人交往。」）。你對他們的為人一無所知，只看見他們的一小角，充其量不過是幾張照片和基本資訊而已。若你覺得這人屬於「或許」，請往右邊滑，看看會發生什麼事。評估潛在對象時，請尋找對方吸引人之處，而不是去找對方缺點。

透過交友軟體判斷特質，比較像是一門藝術而非科學。閱讀對方的答案時，請不要妄下判斷。對於「偶爾施用藥物。」選「是」的意思，究竟是「出去露營時，我會帶上一顆大麻餅乾。」還是「我偶爾會狂嗑黑焦油海洛因。」？勾選「天主教」的意思，究竟是「我是天主教徒，但並沒有積極參加活動。」還是「我每個禮拜天都上教堂，並且坐前排。」？這些含糊的問題你自己都很難準確回答，所以請別對他人答案隨意下評論。為何不與對方出來約會，當面討論這些事情？

即使你認為對方不一定適合，還是能與對方約會。只有這樣，才能找出你真正的喜好，而不是一廂情願地認為自己知道一切。

我認識一位女性曾在臉書上貼抱怨文，說現在的線上約會者「既可悲又錯亂」。她貼出一個近期看到的個人介紹頁面。對於「我最不理性的恐懼」，這位男性回答：「結婚對象的姓名無法與我組成好的婚禮主題標籤（hashtag）」。她認為這樣的答案很輕浮。她臉書貼文的原文說這反映「千禧年世代感情生活的崩壞」。附帶說明一下，婚禮主題標籤指的是，情侶將兩人的姓名組成雙關語，讓賓客在社群媒體上張貼婚禮照片時使用。例如，我的朋友Dani與丈夫Eric Helitzer結婚時，他們的主題標籤就是#highwaytohelitzer，指涉的是AC／DC樂團的單曲〈Highway to Hell〉。

許多人在貼文下方留言表達反對意見，我也不認同她的觀點。起初，我克制留言的衝動，但後來我實在無法不表達。我回應道：「本人淺見，我覺得不能用交友軟體上的單一問答來苛責一個人。我看過許多人在寫個人介紹頁面時，都快速走完流程，因為他們想趕快開始找潛在對象。這回答或許對你而言有點輕浮，但我認為這回答有趣俏皮，讓我覺得他肯定去過多場婚禮，看到婚禮主題標籤後翻白眼。或許他是個朋友很多又忠誠的男性，而且如果他有許多已婚朋友，可能也準備好要安頓下來了。他的回答也顯示他喜歡雙關語，也希望結婚對象的名字能湊成雙關主題標籤。」

她回覆說她喜歡雙關語，而且願意重新去思考對這位男生的看法。她說她希望能回去答應他。

聽著，我不是叫你幾乎每個人都滑「喜歡」。我只是想說，對方可能遠比他個人介紹頁面來得有趣。

避免同時和多人約會

你可能會想：奇怪，這不是和上一則建議相反嗎？並沒有。我請你放寬篩選條件，認識不同類型的人，並和其中一些人出去約會。但是，我得鄭重警告，請避免同時和多人約會，這樣做只會加劇莫內效應。

使用交友軟體時，很容易就一直滑滑滑、一直敲定約會。若你覺得對交友軟體上癮了，這不是你的錯，真的不是。許多人認為Tinder的設計就是要使你上癮[16]。記者南希・喬（Nancy Jo）拍攝紀錄片《指尖網交》（*Swiped: Hooking Up in the Digital Age*）時研究發現，Tinder的部分靈感來源是心理學實驗。在行為主義心理學家伯爾赫斯・法雷迪・史金納（B. F. Skinner）的實驗中，讓鴿子以為隨便亂啄就可以得到食物[17]。「這就是滑來滑去背後的原理。」卡拉・史威雪（Kara Swisher）的播客（podcast）節目《Recode Dcode》上的銷售人員說道：「滑來滑去，有可能成功配對，有可能沒配對。你就會把這當刺激的遊戲來玩。」難怪我下載Tinder的第一晚滑了六小時，而且曾經一週去了八・五次的約會。我還搞不懂那半次約會到底是什麼。

請不要把交友軟體當遊戲玩。請放慢步調，一次不要和太多人出去約會，這樣才能做出更好的選擇。請試著真正了解對方。若說放開篩選條件等於是擴大菜單，那麼同一時間約少一點人，就等於仔細品嘗每一道菜。

我有個客戶一次最多和三個人約會。她覺得這是完美數字，讓她給每位對象培養關係的機會，但同時又能比較和每位對象相處的感覺。如果你約太多人，同時和太多人聊天，或行程表上滿滿的初次見面，你很有可能變成那位試吃二十四種果醬的顧客。你會一直試吃果醬，但不知要選購哪種。這樣的結果是什麼？你孤單的走回家，因為吃太多糖而肚子痛，到家只能吃乾吐司。

直到現在，我們都在探討怎樣評估別人自我介紹的方式。同時間，別人也在評估你的自我介紹。若你一直無法獲得想要的結果，以下方法經過實證，可以提升配對數量，使約會更順利。

挑選優質照片

這還用說嗎？照片當然很重要。多數交友軟體上，照片佔版面最大。許多人常常只憑照片就決定要滑左邊還是滑右邊，而且只有在覺得第一張照片不錯時，才會滑下去看更多資訊。

Hinge研究團隊探討哪些類型的照片最能引起使用者正面回應，並在二〇一七年將結果寫成文章張貼於部落格[18]。他們隨機挑選一千名會員的大頭照，標記照片的特質（抓拍或擺拍、露齒微笑還是不露齒），並分析照片的績效。以下是根據研究結果整理出的訣竅：

- **有關自己的外貌和感情狀態敘述，請不要玩猜謎遊戲**。照片中如果帶有濾鏡或顯示可能已有對象，獲得的「喜歡」會減少九〇％，所以請別用太陽眼鏡照，也不要用顯得自己有交往對象的合照。怎樣的照片更糟？別人根本找不到你在哪裡的大合照。最多請挑選一張合照，並清楚表示自己的臉。

- **女性如果上傳「獨自站立、看向一旁、或露齒微笑」的照片**，獲得「喜歡」的機率也會增加七〇%。
- 同理，**男性如果上傳「獨自站立、不露齒微笑、並直視鏡頭」的照片**，獲得「喜歡」的機率也會增加。
- **抓拍照明顯勝於擺拍照**。雖然平台上八〇%的照片皆為擺拍，但抓拍的照片獲得「喜歡」的機率高一五%。
- **自拍的效果很差，尤其是在廁所自拍**。廁所自拍會使獲得「喜歡」的機率下降九〇%（專業建議：認識新的潛在對象時，請不要把自己和廁所擺在一起）。請讓大家知道你有個可以幫你拍照的朋友。
- **黑白照片的效果超好**。黑白照片雖然只佔平台上三%，但獲得「喜歡」的數量卻高一〇六%。請試試黑白照。

幫客戶設定個人介紹頁面時，發現很多人不善於挑選最有吸引力的個人照。於是，我開發出一套輔助系統，請客戶傳來二十張候選照片，經過他們同意後，把這些照片上傳到一個網路相簿，並寄給我認識的人。我認識的人遍布全國，幾乎不可能見過我的客戶。我請他們為照片評分，指出哪些照片他們喜歡、哪些照片應刪除、哪些照片可作為重要的第一張相片。對於哪張照片效果最好，大家經常想法接近：幾乎都不是客戶自己選的照片。發現某些規律後，我重新排列客戶的照片，藉此反映回饋。

練習：選擇好照片

蒐集十到二十張個人照（最好包含你的臉部特寫照、全身照，以及從事烹飪或爬山等興趣的照片）並傳給幾個朋友，問他們會把哪些照片放到交友平台上、把哪些照片刪掉、把哪一張照片放在第一張。你也可以自己用交友軟體做實驗：更換不同的照片，看看哪組照片獲得的配對數最多。

仔細撰寫自我介紹

一、撰寫時，請忠實呈現自我性格

我曾帶過一位名叫艾比的客戶，她說想找熱愛戶外活動的男人：她喜歡「伐木工型男」

（lumbersexuals）——蓄鬍子、穿格紋襯衫的文青。她的頁面有一張登山照，並寫自己喜歡大自然。但真相是……她很討厭親近大自然。我對艾比說：「你的行李箱標籤明明寫著『我喜歡不露營』，你不是熱愛大自然的人。你只是想成為熱愛大自然的人，因為你認為你想找某種類型的男人。」於是，我們一起重寫一份更真實反映她人格的自我介紹，上傳了許多她近期去柏林玩時拍的藝術風格照，寫她喜歡聽現場爵士演奏，喜歡喝高價的威士忌。雖然這有點廢話，但好的自我介紹應反映現實的你，而非理想中的你。如果誠實展現自己，往後可以避免許多心痛的狀況。假如艾比找到一位伐木工型男，她有一天可能得告訴對方，她不想和他去參加五日滑雪訓練課。

二、具體描述喜好，順利引發對話

自我介紹的意義在於產生兩人可對話的機會。請利用自我介紹創造接話和交流的機會。以Hinge的問題為例：「婚禮攜伴對象，是我的挑選條件[19]。」如果你寫「未婚人士」，這當然很好笑，但很難去打開對話之門。假如你寫：「知道辣妹合唱團（Spice Girls）〈Wannabe〉的所有歌詞」，這就可以拋磚引玉，引發雙方暢聊九〇年代的音樂，討論唱卡拉OK的時候誰要唱哪部分。如果寫「會邀我尬舞的人」，可能就有人會和你聊各自的招牌舞步。產生對話的最佳方式就是具體描述自我介紹。可以寫一些奇特的東西，使你與眾不同。如果你寫「我喜歡音樂」，這根本對展現自己沒幫助。廢話，誰不喜歡音樂？寫自己喜歡旅遊、喜歡美食、喜歡歡樂氣氛也是一樣。這就像是寫自己喜歡湯姆・漢克斯（Tom Hanks）。廢話，他是美國英雄。也別告訴我你喜歡烹飪，請告訴我你的招牌菜，介紹你做的越南河粉特別之處。寫得愈具體，潛在對象找你聊那個癖好的機會就越多。

三、呈現好的一面，不散發負面能量

我很訝異，許多人在珍貴的自我介紹頁面上，寫出他們不喜歡的事物。我懂背後的心理，但這種做法只會傳達負面訊息。展現出什麼樣的風格，就會吸引到什麼樣的人。請利用自我介紹吸引有共同興趣的人，而不是和你一樣喜歡抱怨的人。請寫可以為自己帶來歡樂的事情，而不是自己厭惡或想逃避的事情（而且你有沒有發現，那些寫「請別搞事」的人通常最會搞事？）。

練習不被句點的開場白

別再說「安安」或「你好嗎？」，也別再問候對方週末過得如何。這種開場實在場有夠無聊！好的開場和自我介紹一樣必須具體。

開場白的目標是推動順利對話，讓雙方能約出來實際見面。請查看對方的自我介紹，去找不是每個人都會注意到的微妙之處，用來作為開場。例如，如果有個男生，都貼一些看向遠方的照片，你可以說：「我發現你拍照時，都喜歡看向遠方，你看到什麼嗎？」若對方的自我介紹說喜歡電視劇《我們的辦公室》（*The Office*）[20]，你就可以拋出你最喜歡的麥可．史考特（Michael Scott）名言（你可以偷用我個人最愛的一句話：「其一交友，其二拼業績，其三做愛，沒有特定順序。」），請展現出你為開場白下了功夫。

適時保持聯繫，並儘快展開追求

你有人生要過，請別每分每秒都盯著手機看。就算你今日忙翻了，也請趁著通勤或工作偷懶時，試著撥出十五分鐘回覆訊息，因為一定要保持動力。

同時，別忘了儘快安排實際約會。交友軟體的功能在於促成實際見面，不在於結交筆友。在實際約會之前，透過訊息聊太久會產生負面影響，這我看太多了。如果兩人在約會之前不斷傳訊息，心中就會對彼此產生不切實際的幻想（就是之前說的莫內效應）。兩人見面時，對方一定不符合幻想，然後就大失所望，就算對方其實是個好對象。互傳訊息時有感覺，不代表見面時也會契合。難道你不想要早點知道嗎？

如果要從傳訊息的狀態轉換至實際約會，可以這麼說：「我真的很喜歡我們的聊天感覺，請問你願意星期天下午一起出來散步繼續聊嗎？」

請盡量讓約出來見面變得容易。其中一個方法，就是直接提出明確的約會日期和時間。例如問對方：「如果你本人和在網路上一樣有魅力，我們可能會有進展。星期四來喝一杯嗎？晚上七點OK嗎？」你們可能需要來回幾次才能找到兩人都有空的時間，但一開始就提出明確的時間可以限縮範圍。如果花太多時間敲定時間，期待的感覺和動力就消失了。

這種事有時真的會發生。這不代表對方缺乏興趣，通常只是因為大家太忙了。多次來回傳訊息後，要如何把線上聊天轉變為實際約會？我建議直接點出情況，但語氣要幽默：「我真的很喜歡和你線上聊天，也希望能試試實際相處起來，是否一樣很合。這週要一起喝一杯嗎？」

或是，下次對方告訴你有趣的事情時，你可以說：「等等，我想聽你本人說！這週有空見面嗎，再和我說說後面發生了什麼事？」

聽著，我知道這很困難。你可能覺得整個宇宙都在和你作對，覺得這世界就是要混淆你，阻止你找到對象，但還是有希望。若你想遠離交友軟體，請看下一章。下一章介紹在現實中認識人的方法。是的，在現實中認識人。就算你早已放棄，這件事還是有可能發生的。下下章則介紹怎樣使約會變得超有趣，請拭目以待。

幸福關鍵

一、我們以為知道自己想找怎樣的對象，但對於怎樣才能達到長期幸福，我們的直覺通常錯誤。

二、交友軟體的呈現對象方式令我們放錯焦點，讓我們重視可衡量的特質。交友軟體只能衡量膚淺的特質，強化我們膚淺的見解。

三、交友軟體提供的選項太多，使我們難以選擇。交友軟體還造成購物式擇偶的習慣——把人當成商品在比較。

四、我們可以改善使用交友軟體的方式：放寬篩選條件，看見更多人；看到別人自我介紹的時候避免妄下定論；一次別和太多人約會；儘快想辦法能實際約會。

第九章

在現實生活中尋找對象

——使用四大策略突破難關

艾莉西亞進入我的辦公室，門還沒關就把背包甩下來，把鞋子踢掉：「夠了！我受夠交友軟體了。」艾莉西亞是我的客戶，當年二十八歲，是護理學校的學生。滑交友軟體多年的她仍然找不到伴侶。她滑了數千次，促成的第一次約會寥寥無幾，幾乎沒有再次約會。

艾莉西亞是黑人。直到目前，我都沒有提到其它客戶的族裔，但我必須說明艾莉西亞的族裔，因為網路交友充斥著種族歧視，使這原本就困難的事對黑人女性更為痛苦。交友網站OkCupid共同創辦人克里斯汀．魯德（Christian Rudder）曾分析網站使用者的行為，並將結果發表於公司部落格與個人著作《我們是誰？》（*Dataclysm*）。根據他的報告，黑人女性收到主動聯絡的數量，較其它族裔女性低二五％[1]，如果黑人女性主動聯絡男性，她們得到回覆的機率較其它族裔的女性低二五％[2]。亞裔男性也面臨同樣的情況。魯德發現在白人、黑人和拉丁裔女性眼中，亞裔男性的吸引力較其它族裔的男性低三〇％[3]。

艾莉西亞癱坐在我的沙發上。「交友軟體對我沒用。我想在現實中認識人。只有我覺得現在已經沒這回事了嗎？」她問道。

我經常聽客戶、同時和朋友抱怨此事。父母那代可能會跟我們說他們在教堂跳舞時、排隊看電影時或工作日中午休息時在公園遇到對方。現在，這些故事聽起來充滿古早味。

「不是只有你。」我說道：「我問過一位男性客戶，是不是會在公開場所直接搭訕陌生人。他說：『冒著被拒絕或被罵噁男的風險嗎？才不要！』他指著手機對我說：『這是我現在認識人的方式。』」

「至少不只有我這樣覺得。」

「絕對不只。」我說道：「用交友軟體不容易。我會一起想辦法，讓你在現實中認識好對象。」

你可能覺得使用交友軟體沒啥用，或純粹想擴大尋找範圍，以不同的方式認識人。在此提出我個人最愛的四個策略，協助你在現實生活中認識對象。

策略一：參加對你可行的活動

艾莉西亞說她經常在網路上看到活動宣傳，也經常聽朋友討論要參加活動，但她不知道該選擇哪些活動（這就是選擇的弔詭！）。她工作繁忙，沒什麼自由時間。想到要盛裝打扮出門參加活動，就覺得心累，也覺得風險很大，因為活動有可能很無聊。她通常會陷入分析癱瘓。「我能五點半就脫下胸罩，穿上瑜珈褲，為何要去參加一個可能會很無聊的活動？」她說。

我知道參加活動是艾莉西亞認識對象的好機會，我的職責是協助她挑選對的活動。我拿出筆記本，向她說明我設計的一個圖表——活動選擇矩陣，此圖目標是協助大忙人策略性挑選最佳的活動。每次聽到新活動時，就可以根據兩個維度，把活動畫在平面上：

一、我在活動上與他人互動的機率是多少？

二、我享受活動的機率是多少？

縱軸是活動上有人際互動的機率。換句話說，就是參加活動的人，是不是有充沛機會可以互相認識和聊天？若是看劇等沒有互動的靜態活動，就把它放到下面。若活動上大部分參與者聊天的機會很多，甚至能長時間交談，就可以把它放到靠近上方。

橫軸代表你享受活動的機率。一定會喜歡的活動放在右邊，一定會討厭的活動放在左邊。為什麼這點重要？若你享受這個活動、因活動而感到有活力，你可能就會展現自己最好的一面。你會更快樂、更放鬆、更能做自己。此外，如果參加喜歡的活動，就算最後沒有認識任何潛在對

活動選擇矩陣

在現實中認識人的策略

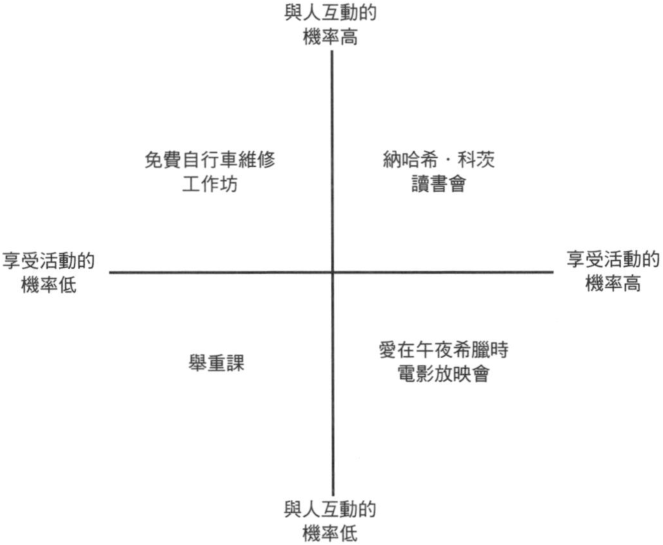

象，你也比較不會認為在浪費時間，畢竟你也在做自己喜歡的事情，不是嗎？

艾莉西亞和我一起查看一個熱門的活動網站（我們用SF.Funcheap.com，但你也可以直接用Google搜尋「附近的活動」）。瀏覽近期活動的同時，我們把活動標記在「活動選擇矩陣」上。

我們找到了舉重課，但艾莉西亞比較喜歡跑步，所以她覺得自己不會喜歡舉重課。此外，並排低吼著舉重也不是談話的好場合。於是，我們把舉重課擺在矩陣的左下象限——享受活動的機率低，互動的機率也低。

那免費的自行車維修工作坊？這應該是個和樂融融的活動，但艾莉西亞沒有自行車，所以這場活動放在左上象限——享受的機率低，但互動的機率高。

《愛在午夜希臘時》（*Before Midnight*）電影放映會呢？這部電影的確是李查．林克雷特（Richard Linklater）的經典之作，但和一群人觀賞電影，不太會有互相認識的機會，交談只發生在銀幕上，所以這活動屬於右下象限——享受活動的機率高，但互動的機率低。

後來，我們找到一場討論塔納哈希．科茨（Ta-Nehisi Coates）的讀書會。科茨是曾經獲獎的記者，專門書寫文化、政治和社會議題。中了！艾莉西亞很喜歡科茨的作品，而且讀書會的重點就是互動。如果遇到喜歡的人，她就可以把團體討論延伸為一對一聊天。這活動屬於右上象限，終於找到一個有機會的活動了！

然而，光靠活動選擇矩陣還不夠，艾莉西亞必須實際參加右上象限的活動。於是我善加利用我的行為科學工具。心理學教授蓋爾．馬修斯（Gail Matthews）研究發現，公開宣布目標能提升達成目標的機率[4]，所以我問艾莉西亞：「你覺得自己能每個月參加兩場右上象限的活動嗎？」儘管她工作繁忙，還是答應做到。

我幫艾莉西亞設下最後期限，因為最後期限可逼人採取行動，克服拖延不做事的天性[5]。「是不是能在本週末前，傳訊息告訴我你選擇哪兩場活動？」艾莉西亞立即使用活動選擇矩陣。不到一個月，她從一年約會少少幾次，轉變成一個晚上和六位潛在對象見面。她參加什麼活動遇到這些對象呢？就是討論塔納哈希．科茨著作的讀書會。

自行繪製活動選擇矩陣吧！如果你想在現實中認識人，但太忙了，難以決定要參加哪些活動，請把活動畫在活動選擇矩陣上。如果活動落在右上象限，就去參加吧！活動參加愈多，你就愈知道如何找到適合的活動——既能享受又能促成良好互動的活動。

練習：畫出你的活動選擇矩陣並參加活動

將活動填在前面出現的活動選擇矩陣中。

我承諾三十天內參加一場活動。

我承諾在這個月參加這場活動：

如何尋找有趣的活動

請在臉書上關注附近的活動。若有感興趣的組織，可以追蹤他們的臉書專頁或訂閱電子報。或上https://www.meetup.com/cities/tw/瀏覽近期符合自身興趣的聚會。許多聚會都是免費參加。如果身邊有朋友，看起來總是有很多活動可參加，請他們下次邀請你，或問他們是如何發現活動的。看看附近的大學有沒有舉辦演講。或在Google上輸入「藝術開幕式」或「電影節」等關鍵字，再搭配你居住的城市進行搜尋。另外，教堂也有網站！請把找到的活動標記到矩陣上，挑出屬於右上象限的活動。忙碌的人更該這麼做。

我有一位客戶在人權運動遊行上認識女友。另一位客戶為了認識新的人，以「自由球員」的身分加入陌生人組成的排球隊，她後來和隊上的攔中手交往，現在每週會一起打排球兩次。我有一位朋友在播客聽眾聚會上遇到現在的丈夫，他們都很喜歡那個播客。

我的朋友珍和喬伊玩滾球遊戲台認識。喬伊曾三度獲得全國滾球遊戲冠軍，而珍有一晚去當地酒吧參加滾球遊戲台之夜。現在他們已結婚，生下可愛的小嬰兒，而珍則是他們聯盟的「滾球長」。

我還喜歡聽在志工計劃相遇的故事。參加志工計劃是認識善良人士的好方法。想必現在你已經知道，善良雖不受重視，但其實是最重要的擇偶標準。

充分利用活動機會的性質去談話

光是出席活動還不夠。如果要認識人，你就得實際去認識那人。最理想的方式是獨自出席，這樣比較容易有人找你講話，因為對落單的人講話，比融入團體談話來得容易。你可能會感到那熟悉的欲望——想掏出手機滑，但拜託！請把手機留在口袋裡。

如果你真的覺得無法一人前往，請選擇適合的人當助攻——獨立、關懷、正向且關心你成敗的人。邀請讓你感到舒適自在、知道你想結識新朋友的人。別找那種看到你一直和其他人講話就會不爽的人。

留下第一印象的機會只有一次，請穿上能帶給你自信的穿搭。別忘了要撩人，請和身邊的人眼神接觸，接著微笑，然後把眼神轉向它處。

從小目標做起，每次參加活動至少認識一位陌生人。請介紹自己，然後對身邊的人聊周遭的事物。你可以評論一幅畫作、評論在場的樂團、談他們的耳環或鞋子，任何事物都可以！重點在於認識陌生人，即使你對這位陌生人沒感覺也沒關係。如此一來，當你遇到喜歡的陌生人時，你就會感到自信（這就是反覆練習的作用！）。此外，認識新朋友也能拓展交友圈，提升認識潛在對象的機會。

「但我要怎麼知道對方是否單身呢？」許多客戶如此問我。這麼說吧，本來就不會知道！我的朋友盧卡斯會直接詢問女性是否有對象：「你目前在談戀愛嗎？」如果對方猶豫了一下然後說不，他就知道她目前可能正和某人試水溫，但可能也願意與他出去。

你也可以保持輕鬆，說：「那個，我希望能繼續聊（自行插入某個聊過的話題），請問要怎麼跟你繼續連絡呢？」接著，對方可能就會給你他們願意分享的聯絡資訊，有可能是電話號碼，有可能是instagram帳號，也有可能是電子郵件地址。面對這樣的詢問，人通常會憑直覺猜測原因。如果他們有交往對象，他們會想辦法讓你知道（如果他們已有對象或對你沒興趣，就可能會拒絕向你分享聯絡資訊）。

各位女士，別害怕主動攀談。遇到女性主動攀談，多數男性會感到開心。況且，不喜歡女性展現膽量和自信的男生也不是適合的對象。

各位男士，我知道你怕女生覺得你是「噁男」。但其實在活動上和陌生人交談，這本身沒有什麼噁男之處。從發揮魅力轉變成散發噁心氣息的人才是噁男——隨便提出性暗示、說出性別歧視的話，或當對方表現沒興趣，例如她再三轉頭看後面，或給出簡短、超短的回覆後，男方依然堅持繼續聊。**若你害怕抓不到「撩人」和「噁男」的界線，請保持「友善」，讓對方推動談話的進展。**

如果害怕主動攀談，可以善用這套萬用的招數——排隊。無論是排隊拿飲料還是排隊上廁所，排隊的人總是感到無聊，因此樂於接受任何短暫的消遣，例如和你聊天。我最近從亞特蘭大（Atlanta）飛往舊金山，在排隊登機時就曾嘗試這招。告訴你，我的笑話還逗得對方哈哈大笑。

策略二：請求親朋好友安排相親

根據史丹佛大學的研究，接在「網路上認識、和在酒吧／餐廳上認識」後，認識對象第三普遍的方法，就是透過朋友。

許多客戶說他們希望有人幫他們安排相親，但實際卻很少有機會。為了研究原因，我找來一群人，其中有單身人士也有交往中的人。我問他們為什麼不再為朋友安排相親。有些人說他們從沒想過，或認為身邊的朋友，有這樣的需求就會主動提出。也有人說他們尊重朋友的隱私，避免介入感情。有些人則擔心，若朋友覺得他們安排的相親對象不夠好，朋友會覺得受到侮辱。但還是有希望！雖然受訪者心中有所顧忌，但他們全都很願意提供協助。請善用朋友的協助，朋友是絕佳的資源，因為朋友懂你，而且又認識你不認識的人。

請身邊的人安排相親的方法：

- **開口請求安排相親**。我知道這聽起來很簡單，但許多人並沒有向朋友尋求幫助。請開口對朋友說：「我準備好去找對象了。請問你願意把我介紹給你認識的單身人士嗎？」
- **告訴他們你的擇偶條件，並尋找人生伴侶而非短期伴侶**。例如：「我喜歡聰明、有文藝氣息又關心社會正義的人。」或「我想找善良、體貼且喜歡美食的對象，希望對方身材好，但不會過度注重健身。」朋友可能會立即想到某個適合的對象，或是之後在認識新朋友的時候，想想此人是否適合你。
- **傳照片給朋友。挑選美麗（但寫實）的照片，讓朋友傳給潛在對象。**

- **答應赴約。說真的，如果有人花費心思為你安排相親，請答應赴約！**人家是你朋友，不會想浪費你的時間。你有什麼損失？損失一個傍晚？損失一些現金？去就對了。我的朋友史黛芬妮跟她的朋友說：「如果你覺得我會喜歡這個人，我就願意至少和他約一次會。」由於她做出這個承諾，我曾願意幫她安排相親，不像有些朋友，我介紹對象給他們，卻沒有採取後續行動。有位朋友曾請我替她安排相親，我傳一位男生的照片給她，並向她介紹這位男生，也向男生介紹她。他們兩人都同意見面，但他傳訊息給她時，她卻從沒回覆。她讓這位男生承受沒有必要的拒絕，我發誓絕對不再幫她安排相親。
- **給朋友回饋。如果約會順利，請傳訊息給朋友表達你的感激。**能送小禮物更好！若約會不順利，請感謝朋友的介紹，並讓他們知道順利之處與不順利之處（若對象是朋友的親密好友，請謹慎措辭）。這種回饋使朋友更了解你想要什麼，也能透過回饋產生的激勵，鼓勵朋友繼續介紹對象，而且或許還能讓朋友判斷你是否太挑。他們可能會聽你講的理由，並鼓勵你給對方第二次機會。請仔細聽他們想說的話。
- **提供誘因！此法聽來荒謬但很有效。**有位前同事曾說，如果有人介紹對象給她，而且最終兩人願意結婚，她會提供現金獎勵。她願意提供數千美元的現金獎勵，這令我印象深刻。首先，這代表她知道尋找人生伴侶的真實價值。其次，雖然我很喜歡這位同事（她很有趣、熱情、會關心人），但如果沒有誘因，我可能就沒時間花心思幫她安排相親。有了誘因，當我認識合格的男性時，就會立即思考這位男性是否適合她。另一位朋友的父親告訴大家，如果有人為他女兒安排五次約會（無論是和五位不同的男士或與同一位男士約會五次），他就會贈送終身免費的大禮。幾個月前，史考特介紹朋友給她認識，我們都認為她會想和這位對象結婚。我們都很期待，能終生享用免費的優質堅果。

把人情傳下去：為別人安排相親的方法

一、**搜尋手機聯絡人或臉書朋友名單**，想想誰目前單身。或許是以前曾共識過的女同事？她態度正向，喜歡嘗試新東西。她不是最近才分手嗎？

二、**想到適合的潛在對象後，聯絡你覺得比較挑剔或比較熟的那一方**。「安安～我想到有個朋友或許很適合你。這是他的照片。他聰明貼心、很會找有趣的事。你會想要讓我來安排你們認識嗎？」請注意幾點：給的資訊不能太多，以免朋友處理不來，也不能太少，以免觸發莫內效應。透露的資訊量足夠引起朋友的興趣就好。

三、**若那位比較挑剔的朋友答應，那就用類似的訊息詢問另一方的意願**。

四、**若第二方拒絕，請委婉地轉告第一方**，可以說：「後來發現他不需要相親了，我在想他可能剛認識某個對象。」世界是很殘酷的，請抱持同情心。

五、**若雙方都答應，利用群組訊息之類的方式牽線。**請簡單說明就好。我會試著說一些有趣或搞怪的事情，有時還會建議約會活動。以下是我本人曾經傳過的真實訊息：「請亞當和茉莉說說。你想到十種玩溜滑梯的方法，想完也告訴我。」「克雷格，這位是塔拉；塔拉，這位是克雷格。希望你們可以早日見面。我建議你們去公園散步，嘗試摸摸至少五隻狗。」就算他們沒有按照我的計劃走也沒關係，我只是想讓他們以好笑一點的方式認識。

六、**給他們空間。讓雙方自己安排約會，別一直插手。**可以鼓勵他們脫離群聊後轉成私聊。兩人約會後，你可以問他們想法，藉此更了解他們想要什麼。但記住，請小心處理，他們想分享多少資訊給你是他們的自由。

七、**舉辦聚會！**我的朋友喬姬娜曾幫忙配對許多長期情侶，湊成幾十團朋友圈。她每月舉辦「歡樂早午餐聚會」。她把活動辦得很輕鬆友善，想減輕做個完美媒人的壓力。無論找對象還是找朋友，大家會來早午餐聚會認識新的人。喬姬娜不用管誰會喜歡誰，她只是使優秀的朋友齊聚一堂，讓他們自由發展。

策略三：嘗試去找認識的人試探

有時，對象可能就是身邊的人，可能是朋友，或是朋友的朋友，是教會小組裡的同學，是慢跑俱樂部裡的會員，你只需要用不同的眼光重新看待。我本人就是這樣！史考特與我開始約會前，我們早就是八年臉書朋友、現實朋友一年。感情教練這工作讓我有新的視角，讓我以全新的眼光看待史考特（看吧，我的案例證明當感情教練有用）。

總是有人告訴我，他們愛上認識好幾個月的同事或認識多年的朋友。有位客戶在我這邊幾個月後，終於和一位認識多年的女生安頓下來。他要參加工作面試，所以向她尋求協助。原本只是二十分鐘的會面，但後來他們卻聊了四小時之久，從兩人最喜歡的運動隊伍聊到他近期過世的父親。他發現，這位他長久以來只當作朋友的女生，其實有更進一步的可能。

請看看你的朋友圈，想想是否有人目前單身，而且和你有許多「友情默契」——我稱這是friendistry，也就是friend chemistry。身邊有沒否有相處愉快、你願意信任，並且稍微有點吸引你的人？告訴我吧，你想到誰了？

在打爆他們手機之前，請注意一點——這樣做的風險蠻高的。**請避免造成尷尬或傷害朋友群的互動。想到要追朋友，你可能會感到緊張不安，這種感覺就是在告訴你要謹慎行動。**

如果要踏上這條路，請尊重對方的界線。我不是叫你和朋友一起喝醉然後去追他。你可以在喝啤酒的時候說些試探的話，例如：「你有沒有想過，我們不只能當朋友嗎？」或「我有個突發奇想，好奇如果我們結婚的話會怎樣？」**如果對方有興趣，他們就會跟著你聊下去，告訴你所需的資訊。或者他們就只是把你當朋友。**無論如何，這還是值得一提。若對方沒興趣，這也沒什麼大不了的吧？開個玩笑，然後放下你的心。

◡ 策略四：出門在外時，向他人介紹自己

假如你一人自通勤上班。上捷運後，你有兩種選擇，是坐在車廂安靜的休息，還是嘗試與人交談？一定選擇安靜的休息，對吧？誰想和陌生人聊他們領養的貓咪或他們大拇指怎麼斷的？

行為科學家尼可拉斯・艾普利（Nicholas Epley）和茱莉安娜・施羅德（Juliana Schroeder）在學術論文〈誤尋孤獨處〉（Mistakenly Seeking Solitude）中表示他們觀察到同樣的偏好[6]。他們詢問當人在通勤時，比如是喜歡在搭捷運時和陌生人互動，還是單獨坐著不和任何人說話。多數人選擇安靜。

接著，進行一項實驗調查，調查通勤人士比較享受哪種情況。他們在芝加哥（Chicago）地鐵上把通勤人士分成三組：請第一組和坐在旁邊的人講話，第二組保持安靜，第三組正常通勤。研究發現，與陌生人交談的人的正向體驗最高，而坐在椅子上獨思的人的正向體驗最低。他們在

芝加哥公車上也發現同樣的情形。

我們避免和陌生人交談的本能是錯的。我們以為我們想要獨處，低估社交連結帶來的歡樂。打開雙眼，環顧四周。向陌生人問好！我不是請你在公眾場合騷擾陌生人。請試試水溫。找人聊天時，可以評論四周的東西或問個問題，用來試探他們是不是想聊天。若他們不願意接話，就別再打擾他們（請別搞到被人家噴防身噴霧！這有損我的名譽）。但如果你對其他通勤人士微笑，或和站在身旁拉著吊環的人聊眼前的演唱會廣告，你可能會遇上驚喜的情況。世界充滿很棒的潛在對象，或是知道優秀潛在對象的人。

史考特的父母就是在紐約的地鐵上認識。他母親在讀心理學博士班的書時，他父親認出書本的標題，說：「你在讀發展心理學嗎？」這句話開啟了三十五年幸福美滿的婚姻，到現在，兩人仍舊恩愛。

每次聽到這種「我們怎麼認識的」故事，我一開始會想：現在才不可能發生這種事，因為大家都會戴著耳機。所以，請各位出門在外時，把手機收到口袋內。如果頭戴巨大的耳罩式耳機，就是向全世界的人說：「請別和我說話！」

有位客戶在機場貴賓室裡認識他女友。他們兩人經常出差。他對她說，他們都用同款少見的耐用登機行李箱。不久後，他們開始在美國各個機場見面約會。

交友軟體對許多人而言，是認識人的好管道。你或許會很喜歡其中一些人！但請不要低估在現實中認識人的樂趣。

艾莉西亞在納哈希．科茨讀書會上認識一位男生，兩人交往幾個月後分手了。等情傷復原後，她持續使用活動選擇矩陣認識新的潛在對象。目前，她正和在大學畢業十週年同學會上認識的人交往。她說，要不是這場活動落在矩陣的右上象限，根本沒想過要參加。

幸福關鍵

一、在現在，用交友軟體是最常見的認識方法，但你還是可以運用策略在現實中認識人。
二、參加活動。善用活動選擇矩陣，衡量你享受活動的機率、與人互動的機率，用來找出最有機會的活動。
三、請你的親朋好友安排相親。告訴他們你想找對象，並讓他們容易做事。答應赴約，給他們回饋（和感激），甚至可以提供誘因。
四、找認識的人，伴侶可能就是在身邊但你還沒發現的人。你必須改變原有的想法觀點。
五、出門在外時，向別人介紹自己。摘掉耳機，與周遭世界互動，可以增加機會。參加活動時，若不知怎樣打開話題，請去排隊，並和旁邊排隊的人聊天！排隊的人最喜歡聊天了。

第十章 別把約會當面試！——如何打造暖心的超棒約會

接受我輔導的前兩個月，強納森進步許多，嘗試過去會拒絕的類型，開始和不同的人約會。有天下午，他打電話和我報告最近一次的約會狀況。「他很棒、熱情、聰明。我們的價值觀很相近。他看的書很有品味，而且熱愛自己的工作」強納森停頓片刻後說：「但我們不適合。」

「為什麼？」我搞不懂。「我感覺不到愛情的火花。」強納森說。

我決定不展開長篇大論批評「愛情的火花」這個危險的迷思（本書下一章的重點）。「是喔，太可惜了。你們一起做些什麼事？」

「我出差很忙，而且會議開不完，所以我們上班前，會在我辦公室樓下的咖啡廳見面。」

「幾點？」

「早上七點。」

「多久？」

「大約二十分鐘。」

「了解。你當下有什麼感覺？」

「老實說，我覺得壓力很大。我預計八點要和一名投資大戶見面，所以我一直在擔憂這件事。」

「你早上精神狀況好嗎？」

「不好，我討厭早上。我是夜貓子。在工作日喝到咖啡之前，我精神狀況很差。」

「嗯……」我深呼吸。我想讓強納森用我的視角看待這件事。「所以，你早上狀況不好，需要攝取咖啡因才能清醒，而且心裡在想重要的工作會議，但還是決定早上七點和他喝咖啡二十分鐘？」

「沒錯，而且感覺不到愛情的火花。」

強納森很努力，他真的很努力！他工作超忙，但還是努力抽空在方便的地點約會，但約會不僅僅是安排時間而已。

約會環境很重要

還記得Google如何減少員工的M&M巧克力攝取量？將M&M巧克力從玻璃罐換成不透明

容器後，員工的食用量就少很多[1]。

這起案例是發揚行為科學最重要的發現之一——人做選擇時，會受到四周環境的影響。早上七點約會後，強納森感受不到火花，覺得兩人沒有來電的感覺，覺得對方不是對的人。但是，這或許是因為兩人約會的環境不對。

約會時，我們不只受到地點的影響。約會的環境也包括約會時間、約會活動和雙方的心態。會談開始時，強納森把約會當成一種待辦事項，一種安排在上健身房和拿回乾洗衣物之間的行程。他帶著疲憊、沒有衝動的心態去約會，然後才驚訝自己竟然感覺不到愛情的火花。不只是他這樣，我有許多客戶希望找到對象，但因為生活忙翻天，他們竟然把約會體驗中的撩人和樂趣都給榨乾了。他們經常陷入的約會模式，我稱這是「評審式約會」（evaluative dating，若要用可愛一點的說法，可以說「evaludating」）。

評審式約會不只是一種糟糕的體驗，更是一種效率低落的方法，對找長期伴侶一點用也沒有。本章將說明，如何把評審式的約會心態轉變成體驗式的約會心態，我會教你別再像研究履歷一樣想著「對方是否配得上我？」、「我們的共通點夠多嗎？」，而是停止過度思考，活在當下，捫心自問：「我和這人相處起來的感覺怎樣？」本章教你關注在兩人相處時所發生的事情，帶著好奇心去約會，讓自己有機會感到驚訝。

我也會說明，如何創造合適的實體和心理約會環境，把找到對象的機會提升到最大。

⋃這是「約會」還是「求職面試」？

請想像自己身在這種情境：你忐忑不安地走進房間，擔心評審對你的看法。你穿著正式，但有點不舒服。你希望自己沒有在流汗（完了，你一定流汗了，膝窩和腋下濕濕的）。

你走到桌前，把包包放到地上，與對方握手，坐在他們面前。

「你想喝點什麼嗎？」

你小聲地說要冰茶，無糖（這是一道考題嗎？點冰茶是不是洩露了我的個性？）

冰茶來了。面試開始。

「你讀什麼學校？讀什麼科系？為什麼選它？你冒過最大的險是什麼？你未來五年的計劃是什麼？」

接著，評審邀請你問她問題。

四十五分鐘後，評審面試結束。

你起身，握手，友善地微笑。「希望有機會能再次見面！」然後離場。

請告訴我，這是約會還是求職面試？如果地點不是會議室，飲料可不可以是葡萄酒？地點或許不同，但氛圍卻是一樣的，相信你曾去過這種枯燥乏味的約會。我的客戶和朋友常說：「約會沒什麼意思，約會感覺像工作一樣。」聽著，我懂這感受。某種層面上，約會確實是工作。約會需要時間和精力，而且不是每次感覺都很愉快。有時會被拒絕，有時會感到失望，這些感覺都不好受。如果約會不是尋找長期伴侶的唯一方式，我們有多少人早就放棄約會了？然而，約會需要精力，不代表約會要模仿工作上的事務。約會不是人脈交流聚會，也不是求職面試。人不應該把約會當作工作來進行。

這種約會壓制一切性慾。更糟糕的是，如果約會弄得和求職面試一樣，我們就會進入行為科學家克莉絲坦・柏曼（Kristen Berman）所謂的「按鍵播放」模式，指的是我們像機器人一樣複誦制式回應。我們重覆在其他約會上講過五六遍的故事，然後背誦我們的履歷。在這種情況下，我們也只是吐出資訊，才不是與對方交流。

艾絲特・沛瑞爾這樣描述缺乏生命力的現代約會：「兩人坐在那裡，檢查自己有沒有出現某種輕鬆的省力反應——某種心動的感覺。他們在這冰冷結凍的情境裡互相面試，但卻希望能產生火花。簡直癡人說夢！[2]」如果約會時，只是在評估對方並檢查自身反應，你的心並不在現場。對方無法真正了解你，而你心不在現場，無法體驗當下，更何況要享受約會。

第一次約會的目的，不是決定要不要和對方結婚，而是試探你對對方是否好奇，對方有沒有讓你覺得，他擁有之後相處會愉快的特質。

設計優質又暖心約會的十步驟

藉由改變心態和挑更多目標明確的活動，你可以設計更讚的約會，才不會覺得像求職面試。

步驟一：藉由約會前儀式改變心態

心態不只影響約會的氣氛，更影響約會的結果。英國赫特福德大學（University of Hertfordshire）研究人員理查・懷斯曼（Richard Wiseman）想研究心態對體驗的影響[3]，於是他招募一群自認為非常幸運的人與自認為非常不幸運的人。懷斯曼把這些人找來，請他們參與一項實驗。他發放報紙，請每位參與者計算報紙內的照片數量[4]。

自認為是「幸運兒」的人沒幾秒就算出正確的照片數量，自認為運氣差的人則花了兩分鐘。幸運兒為什麼這麼快就算出來？報紙第二頁印有佔滿半個篇幅的「祕密」文字：「別數了。這份報紙內含四十三張照片。」幸運兒看到這則提示後，把正確答案寫下，完成任務。自認為運氣差的人忙於仔細計算照片數量，沒看到那則提示。

懷斯曼的研究不只這樣。他還在報紙的中間置入另外一則訊息：「別再數了。告訴實驗人員你看到這則訊息，就可以獲得二五〇英鎊的獎賞。」可惜，多數自認運氣差的人，也沒看到這則訊息。

為何自認運氣好的人看得到第一則訊息，而自認為運氣差的人兩則提示都沒看到？原因是這兩種人和世界的互動方式不同。自認運氣好的人預期好事會發生，他們對機會抱持開放的心態，機會出現時便可以認得出。翻閱報紙時，不只是單看照片，他們還看得見第二頁的提示。

自認運氣差的人預期壞事會發生，於是他們繃緊神經，而這樣的焦慮感使他們無法看見意料之外的機會。幸運的機會就在他們眼前，以大大的粗體字向他們招手，但他們卻被負面態度所蒙蔽，因此看不見，他們的心態成為自我應驗的預言。

我發現「自認運氣差的約會者」也有相同的行為模式。約會幾年後，他們感到疲憊不堪，於是每次都帶著這種負能量去約會，就錯失大好良機。亨利．福特（Henry Ford）有一句經典名言：「無論你認為自己做得到還是做不到，你都說對了[5]。」我的改編版本則是：「無論你認為之後約會是順利還是不順利，你都是對的。」如果你約會前的口號是「前一百次都沒成功，這次也不會成功的！」，你就是在陷害自己。你的負面態度會蒙蔽自我！你的心態和自認運氣差的人一樣。他們錯失人生的線索，你錯失兩人可以在一起的機會。

幸好，心態是可以改變的。懷斯曼創辦一套名叫「好運學校」（luck school）的課程[6]，教導自認運氣差和自認運氣好的志願人士，如何運用自認運氣好的思維，教學重點有四個——傾聽直覺、期待好運、辨認機運、碰上壞事能儘快重新振作。他開的回家功課包含在日記上寫下幸運的事情、把好運視覺化、用言語表達自己意圖（例如：我願意花時間和心力改變我的運氣）。一個月後，好運學校的「畢業生」有八〇%感到更快樂、對人生更滿意，而且最重要的是，他們對自己運氣更有信心。

我想請你參加你自己辦的好運學校，藉此改變心態，預期約會順利。請設計一套約會前儀式，每次約會前都做一次，讓自己進入正確的心境。

以下是我客戶設計的約會前儀式：

- 「我每次都做好事前規劃，關閉工作通知。在約會前三十分鐘，讓自己單獨靜一靜。我通常會打給一位密友，讓自己覺得有自信、覺得受人關心。」
- 「我會做開合跳，讓心跳加速，釋出腦內啡，讓我心情變好。」
- 「剛下班時，我會覺得自己很不性感。約會前泡澡很有幫助，我會洗芳香泡泡浴，我覺得香氣是種強大的春藥。接著我會在身體抹上乳液，幫助我脫離工作模式，進入性感模式！」

練習：藉由約會前儀式轉變心態

列出以後我在約會前想嘗試的兩種約會儀式。請嘗試不同的約會前活動，直到找到適合你的儀式為止。

步驟二：仔細挑選約會的時間和地點

時間和地點很重要。你什麼時候感到最放鬆自在？請在那時段約會。別再早上七點約會了。別再去燈光明亮的咖啡廳約會。如果你心想：「若這場約會不順利，至少我還攝取了咖啡因。」，不要這麼想。別把約會搞得像人脈交流聚會，請去挑有情調的地點，例如燭光葡萄酒吧。

與其面對面而坐，不如與對方並排而坐。你有沒有在開長途車的時候，向旁邊的人講心事？是否發現與朋友並肩而坐、兩人沒有眼神接觸時比較容易講事情？這是因為沒有眼神接觸時，講事情比較容易。日本京都大學心理學家梶村昇吾（Kajimura Shogo）和野村理朗（Nomura Michio）曾在二〇一六年進行實驗研究此現象[7]。實驗參與者看著螢幕上人臉的眼睛時（另一組則看旁邊），他們就很難完成困難的字詞配對遊戲。他們認為原因在於生理結構，眼神接觸和語言處理使用同樣的腦神經迴路。你可以把這項研究發現運用在約會上。為何不邀請對方一起散步呢？散步可以讓約會不再像是求職面試，讓大腦不會超出負荷，還能促進雙方的交流。

步驟三：選擇創意活動

請挑有趣的活動，和對方一起參與。丹・艾瑞利與哈佛商學院研究團隊曾設計一項實驗[8]，請情侶參加線上虛擬約會。約會環境看起來像一座藝廊，他們希望這種環境能打開對話，而實驗結果證明這種環境真的能打開對話。參與者互相討論藝術作品、發掘共同興趣。藝術品變成一種雙方都能發表評論的「第三物件」。第三物件能分擔雙方的壓力，讓尷尬的沈默不再那麼尷尬。

若你不喜歡文藝復興的聖母瑪利亞畫像或現代藝術的蜘蛛雕像，那也沒關係。重點不是藝術。第三物件可以是書籍、遊戲，甚至是其他人。我建議安排那種可以觀察對方與他人互動的約會，藉此評估那些不容易衡量的重要特質（例如善良）。或許可以參加調製雞尾酒團體課程。看看對方對老師是否無禮？蒐集原料時有耐心嗎？會不會幫助那位上課遲到的女生？你也可以安排強迫兩人合作的約會，例如拼拼圖或吃韓式烤肉，因為韓式烤肉餐廳都請顧客自己煎肉吃。兩人合作是否順利？你甚至可以帶對方去吃會讓吃相很醜的料理，例如沾醬的餃子。下巴可能滴著醬油，這時誰還能裝模作樣？在這類情境中，你蒐集到的資料，遠多過早上七點咖啡廳的約會。

我曾和客戶一起構想新穎的約會活動：

- 上傳統市場買菜，然後煮早午餐。
- 溜直排輪。
- 舉辦兩人辣椒醬品嘗競賽。
- 在YouTube上觀看一支小時候最喜歡的音樂影片，學習影片中舞步。

- 唱卡拉OK。
- 看一部老電影，然後邊散步邊討論。
- 參加烹飪課。
- 騎腳踏車、野餐。
- 學跳搖擺舞。
- 去附近的好景點觀星。
- 租機車去探索城市。（請戴安全帽！）
- 去附近的電子遊樂場打遊戲機。（請帶零錢！）
- 帶水彩用具去公園，兩人分別畫同一棵樹。（或畫對方！）

你也可以抄襲我朋友的點子：「有提必應。」她解釋道：「約會的時候，雙方輪流提議下一步要做什麼，另一方必須答應（除非違法或違反個人價值觀）。我們在布魯克林高地（Brooklyn Heights）的渡輪站見面。我們答應上船，而其中一方必須提議下船的地點，另一方就要答應。我們不斷交換想法，提議下一步。那場約會很棒，我們一起探索沒去過的地方，在波蘭餐廳品嘗一道菜，並進入深度對話。」

好吧，承認吧！你看了上面清單後是不是想說：「對，這些點子很棒，但卻超出我的能力。

誰有時間做這些事？」我明白這些約會遠比傳統的喝酒或喝咖啡還累。但你的目標不是盡可能把約會安排的舒舒服服，而是找到能一起建立感情關係的好伴侶。安排這種約會可以幫你達成目標。請試一試吧，向對方提出這類的約會活動。你也不用整天玩捉迷藏，你可以挑不同的活動。最壞的結果，就是對方拒絕你的提議，並提出更傳統的活動，這也沒關係。但更有可能的結果，是對方也厭倦了那種「求職面試」約會，想嘗試不一樣的活動。

練習：嘗試新穎的約會活動

請好好去想一些有趣的約會活動，有點怪怪的也沒關係。

步驟四：展現出你所做的努力

哈佛商學院教授萊恩・伯爾（Ryan Buell）和麥可・諾頓（Michael Norton）發現，人如果看見完成某事物背後所要花的心力，就會更加珍視這項事物[9]。

假如你在網路上搜尋航班，搜尋結果顯示愈快愈好，對吧？或許不是。諾頓在實驗中，請受試者在假的旅行搜尋引擎上搜尋航班。受試者分成兩組，第一組用的程式會馬上顯示結果，第二組用的軟體則慢慢回傳結果，回傳期間以進度條顯示搜尋進度，並用文字說明軟體是怎麼從這家航空、那家航空搜尋航班。令人訝異的是，第二組受試者對系統的評價高於第一組。即使系統顯示結果的速度較慢，他們卻覺得系統為他們努力運作。比起速度，他們重視系統的努力。

這就是為什麼達美樂披薩（Domino's Pizza）讓顧客追蹤披薩的製作進度，看著披薩「在烤箱裡」、「烘烤」後，「仔細檢查確保沒問題」。我們都知道披薩外送的流程，但如果看見背後的努力，我們就會更欣賞這個價值。

安排約會也是如此。請像第二種搜尋引擎那樣，讓對方知道你為了設計特別的活動而做了什麼努力。重點不在於炫耀或吹噓，而是在於展現你所做的努力，使對方更加珍惜。

展現努力的一種方式，就是主動提出要安排約會，或挑鄰近對方住所或辦公室的地方。我發現住在紐約或洛杉磯（City of Los Angeles）等大城市的客戶，經常和對方陷入來回討論，一直無法決定要在誰住的地方見面。你可以展現你的努力，讓對方可以方便約會，傳訊息給他們說：「嗨嗨，你住哪區？我可以安排在那附近的活動。」約會時，可以提到做某些選擇時背後的想法，例如：「我挑選這間祕魯（Peru）餐廳，是因為你在個人介紹頁面上，有說你的夢想是造訪馬丘比丘（Machu Picchu）。」對方會珍惜你的努力，你的巧思會幫助你脫穎而出。

步驟五：放開心的去玩

請回想自己去過的最美好一次約會。或許是在去龍舌蘭酒吧，吃著新鮮的燉豬肉夾餅，喝著一杯又一杯的辣瑪格麗特，兩人相互耳語，而且內容愈來愈煽情，直到你覺得酒吧裡沒其他顧客，而到最後酒吧還真的只剩你們待到最晚？或許是深夜散步，你向對方傾訴心事，說自己和哥哥的關係不好，然後對方把你的眼淚吻走，結果演變成靠在你家房間的門前激情擁吻？是什麼元素讓那次約會這麼美好？應該不是因為你的十個擇偶標準中，對方滿足八個。應該是因為你們玩得很開心！但是，大家約會時卻很少玩樂。

別再安排那種「按鍵播放」的約會了，請設計可以玩耍的約會。

聽到「玩耍」這詞，你想到什麼？小孩子在遊樂場裡跑來跑去嗎？或許你覺得約會是一件嚴肅的事情，你昨天就想找到伴了，所以沒時間玩耍。

但玩耍不只是小孩的下課活動，玩耍和玩心理遊戲不一樣。其實，兩者正好相反。玩心理遊戲講求欺瞞和誘導，是一種浪費時間的行為，因為你的對象終究會發現你的本質，到時你該怎麼辦？另一方面，玩耍講求的是心要在場，並誠實表現出自己——只是輕鬆一點。

《紐約時報》（*New York Times*）一篇名為〈認真看待玩耍時間〉（Taking Playtime Seriously）的文章寫道[10]，紐約大學心理學教授凱薩琳．塔米斯—勒孟達（Catherine Tamis-LeMonda）說：「玩耍並非一種特定活動，而是一種學習方法，一種講求參與，而且有趣又奇特的探索世界方式。」玩耍的動機出於本能[11]——玩耍的目的就只是玩耍，不是為了達成某種目標。

假如你在公園裡約會。玩耍可能是看看四周，幫路人編個背景故事，然後用這些即興的背景故事為基礎，分析哪些情侶會長久，哪些情侶會分手，並說明原因。玩耍也可以是到處跑跑，看十五分鐘內能摸到多少隻狗。

我知道這種約會法剛開始感覺有點刻意，你也不用假裝你常常這樣。你可以自我揶揄：「哈哈，這聽起來有點怪，但或許我們可以……」即使對方拒絕參加，你還是可以獲得創意分數。開心玩、放開一點、說個笑話。幽默是產生玩耍感的好工具。人笑的時候，大腦會釋放使我們感到快樂的荷爾蒙，改變我們的心理[12]。大笑能產生催產素[13]，也就是哺乳時產生的連結荷爾蒙[14]，讓我們更為信任對方[15]（如果我們要的是催產素，大笑才是為社會所接受的第一次約會活動，哺乳可不是）。歡笑能抑制壓力荷爾蒙皮質醇（cortisol）[16]，使我們放輕鬆。歡笑也能產生多巴胺[17]，啟動大腦的愉悅中心。歡笑強化我們的行為，使我們想多做同樣的事。這些對第一次約會而言都是好事——強化連結、減輕壓力、提升再次約會的機會。

步驟六：跳過寒暄，使用「攔腰法」聊天

問對方問題是強化兩人連結的好方式。問題可以揭開關於自身的事，這是形成兩人緊密連結的基礎[18]。再者，心理學家凱倫・黃（Karen Huang）研究發現，問對方問題可以增加對方對你的好感[19]。

問題的類型很重要。誰在乎對方大學主修什麼？記得，這是約會，不是面試。雖然有許多可以深入的理由，但很多人約會的時候只停留在淺灘。

《紐約時報》著名專欄「現代愛情」（Modern Love）有一篇名為〈愛上任何人的方法〉（To Fall in Love with Anyone, Do This）的文章[20]。作者曼蒂・蘭・卡朗（Mandy Len Catron）說，可以引發人仔細思考的問題具有強大的力量。有次約會時，卡朗和對方互相回答了三十六則問題，每則問題的深度和親密程度愈來愈高，從「如果可以邀請世界上何一個人來家裡吃晚餐，你會邀誰？」到「如果今晚將死，沒有與任何人聯絡的機會，你最後悔沒告訴誰什麼事？」

這些不是卡朗在赴約的路上隨便寫在索引卡的問題（補充說明：千萬別帶索引卡去約會）。這些問題是由心理學家亞瑟・艾隆（Arthur Aron）和同事為一項實驗所設計[21]。實驗中，他們將互不認識的受試者配對，請受試者互問三十六則問題，藉此測試「持續、互相、愈來愈深入且有關人格的自我揭露」的力量。艾隆的團隊發現，這些問題可以建立連結，揭開脆弱的一面，協助潛在情侶變得更加親近。

如果你不喜歡問這些問題，你也可以試試我最愛的方法來跳過寒暄——以攔腰法進入約會。攔腰法的拉丁文為「in media res」，意即「居中」，是一種文學手法，指的是故事直接用某個行動的中間點，作為開篇去闡述（可以想成是「直接進入法」）。見到對方時，與其尷尬地問「今天好嗎？」或「你住哪呀？」，不妨直接跳到中間：「我來這的路上發生神奇的事！」或「我剛才和我姊通電話，她說她正和房東展開資源回收桶之戰。」跳過這種互相認識的寒暄，直接進入朋友之間（或愛人之間！）可能會出現的對話，就可以快速建立親密感。當然，對話可能會逆行，像是兩人對話中，就會聊到今天過得如何、自己住哪裡等話題，但至少兩人已經淺嚐過真正的對話。

另一個好方法，是向對方尋求建議。你可以說說生活中實際發生的事情：「我姊幾週後要結婚了，我不知道到要上台幽默吐槽還是上台祝酒。你有在婚禮上致詞過嗎？」或「我老闆整個週末都瘋狂寄電子郵件給我，但我不知道怎麼設下底線，該回他嗎？你會怎麼做？」

記住，提出問題只是前半段，你也必須聆聽回答。藉由聽到的回答觀察對方的思維。對方的建議是否能引起你的共鳴？他們是否樂意分享？你回應的時候，對方是否願意仔細聽？

步驟七：不是急著展現自己，而是要讓對方感覺良好

我曾有一名客戶叫安卓雅，她很有魅力，留著修長的紅髮，喜歡露齒而笑。她週末會表演即興劇，而且常常和我分享第一次約會搞砸的故事，令我哀號。

她雙手交叉抱胸道：「我很努力嘗試，但就覺得和對方接不上線。」

「你會做約會前儀式嗎？」

「會。」她翻了白眼。

「你會規劃有創意的活動嗎？」

「我上週才和某位男生參加藝術課程。」

「你有寒暄嗎？」

「我討厭寒暄。」

我看不出問題之所在，所以我請安卓雅和我一位男性朋友出去，藉此蒐集更多資訊。事後，那位男性朋友立即打電話給我。

「如何？」我問道。「我說話時她老是插嘴，而且她幾乎都在自顧自地講工作上鬧劇。喔，而且她堅持要替我們決定餐點。」

數日後，安卓雅再次前來會談，我告訴他我朋友說的事情。

「我好慚愧。」她說。她沈默了一分鐘，然後咧嘴而笑。這讓我很訝異，這個負面回饋竟然讓她開心。

結果真的是這樣。「等等，我就是這種人！」她說：「不是全部男人都有問題。這是一個我可以改變的事。」

許多人和安卓雅一樣，認為第一次約會必須好好表現，努力留下好的印象，讓對方認為自己很有趣。但是優質約會的重點，在於和對方建立連結，不在於表現自己。瑪雅．安傑盧（Maya Angelou）曾說：「我發現人會忘記你說的話，人會忘記你的行為，但人會記住你給他們的感覺。」與其表現出自己很有趣，還不如讓對方感覺良好。

要讓對方感覺良好，你就得善於聆聽，聆聽不僅僅只是聽對方講事情。許多人聽對方講話的目的在於形成回應，這種聽的方式還是自己為焦點。但聆聽的目標是理解，不是等待輪到自己講話那時。

如果要提升自己的交談能力，請學習如何給出「支持型回應（support responses）」而非「轉移型回應（shift responses）[22]」。社會學家查爾斯・德伯（Charles Derber）說，轉移型回應指的是把對話的焦點轉回到自己身上，而支持型回應則鼓勵對方把故事繼續說下去。假如約會對象說：「我幾週後要和家人去密西根湖（Lake Michigan）。」，轉移型回應可能是：「喔，我前幾年夏天才去過。」這種回應表面上在接住對方說的話，但實際上是把焦點轉回自己身上。支持型回應可能是：「你之前去過嗎？」或「你家為何選擇去那？」支持型回應顯示你對對方的故事有興趣，希望聽到更多細節。這種回應讓對方覺得自己受欣賞，進而深化兩人的連結。

練習：給出支持型回應

假設你出去約會，遇到對方說出以下的話。請寫出轉移型回應，另一個是支持型回應，用來辨認兩者的差異。

一、對方：「我的同事最近開始養一隻黃金貴賓幼犬。」

　　轉移型回應：

　　支持型回應：

二、對方：「我很喜歡肯．伯恩斯（Ken Burns）的紀錄片，尤其是越戰的紀錄片。」

　　轉移型回應：

　　支持型回應：

三、對方：「我正在考慮回學校念書進修。」

　　轉移型回應：

　　支持型回應：

步驟八：少滑手機

千拜託萬拜託！把手機收起來。麻省理工學院（Massachusetts Institute of Technology）教授雪莉．特克（Sherry Tuckle）研究發現，和人交談時把手機放桌上有兩個壞處[23]。第一是對話品質降低，當手機放在桌上時，對話的主題會比較膚淺，因為我們害怕手機隨時可能會打斷談話。第二是兩人的同理心連結變弱。

雖然許多證據顯示手機會阻礙人們之間連結，但高達八九%的人，承認自己在最近一次社交互動場合上拿出手機[24]，別拿出手機啊！

試試這個方法。約會開始時，問問對方是不是願意贊成兩人都把手機收起來。這方法能凸顯你在乎這件事，並且提升約會順利的機率。

步驟九：精采收尾

我認識的一位藝術家，每次約會都會安排愉快的結尾，並為此感到自豪（不，不是那種愉快結尾，別想歪了，請回到本書的主題！）。例如，夜晚約會結束前，他會問一個神祕的問題：「你去過舊金山的祕密溜滑梯嗎？」如果對方好奇，他就會帶對方去這個浪漫的祕密去處。他明白體驗的結尾很重要。

行為經濟學家丹尼爾．康納曼曾進行一項著名的實驗，比較病人做大腸鏡檢查的感受（別擔心，受試者都是需要做大腸鏡檢查的人，不是一般的自願受試者）。有群病患經歷三十分鐘的不舒適感，另一群病患則經歷三十分鐘的不舒適感，再加上五分鐘沒那麼不舒服的結尾[25]。意想不到的是，大家比較喜歡第二種體驗，即使第二種的時間比較長。這背後的原因是峰終定律

（peak-end rule）——人在評估一段體驗時，會以最高峰以及結尾時段的感覺為主[26]。人對體驗的記憶並不是每分鐘的平均。

因此，請在餐後點個點心，在兩人道別前，給對方有意義的稱讚。請善用峰終定律。

步驟十：運用「約會後八問」，有效體驗約會

強納森和許多人一樣，擇偶條件很多。約會後，他總是思考在想，對方哪裡不符合想像。這種「他有符合一切標準嗎？」的心態也是一種評審式約會。條件清單本身並沒有什麼不好之處，但許多人的清單都放錯重點——執著在對方求職履歷表上的特質。我替強納森設計一套不同的條件，幫他從評審式思維轉換成體驗式思維。與其思考對方有沒有符合某條特定標準，他可以在這套條件的幫助下，去思考他對約會對象的感覺。這讓他可以帶著心思去約會，並注重真正重要的事情。

我請強納森每次約會後，在回家的路上回答以下問題：

練習：回答約會後八問

用手機拍下這八則問題，每次約會後去思考，藉此了解對方帶給你的感覺。

一、對方引發出我的什麼性格？
二、在約會當下我的身體有什麼感覺？僵硬、放鬆還是介於兩者之間？
三、約會後，我覺得更有活力還是更沒活力？
四、對方有沒有讓我感到好奇的地方？
五、對方能讓我大笑嗎？
六、覺得自己的心聲或想法有被聽見嗎？
七、與對方相處時，我覺得自己有魅力嗎？
八、我覺得著迷、還是感到無聊，或是介於兩者之間？

強納森知道約會後必須回答這些問題，所以在約會時更注意自己的感覺。若遇到條件看起來不怎麼樣，但會讓他感到樂觀、有魅力、放鬆的對象，他就會答應和對方進行第二次約會。若遇到條件很好但令他感到冷冰冰的對象，他會更快的拒絕對方。他開始體驗約會，而不是「面試」對方，看對方能不能勝任丈夫的職位。

幸福關鍵

一、我們受到「評審式約會」的殘害，在約會時互相詢問，搞得像求職面試一樣，並沒好處。請丟掉條件清單，改使用「體驗式思維」。帶著心去約會，關注自己和對方相處時的感覺。

二、心態很重要！無論你認為約會可能順利還是不順利，你都是對的。約會前，可以藉由約會前儀式調整成正確的心態。

三、如果稍微規劃，就能設計優質的約會。請仔細思考約會的地點和時間，請安排可以玩耍的活動。請挑有創意的活動、避免寒暄、把手機收起來、並設計精采的結尾。請聆聽對方，以「支持型回應」鼓勵對方說自己的故事，別用「轉移型回應」把對話主題拉回自己身上。

四、與其評估對方有沒有符合特定條件，還不如回答約會後八問，去思考對方給你什麼感覺。

第十一章

第一眼沒感覺就不算戀愛？
——「愛情火花」是靠培養的

約會時，你可能會去找那種突然、性感又令人陶醉的感覺，那種生理上的反應，讓你感到怦然心動，當你看著對方眼睛時，感到內心小鹿亂撞。你目不轉睛。對方碰你，你會感到觸電。周遭的人影皆淡入背景。你感覺自己的頻率與對方對上。你感到興奮，你感到生命的力量。

你知道我說的是什麼——所謂「愛情的火花」。我知道愛情火花很美好，但我想說，去他的愛情火花。這個觀念是我的頭號敵人！我認為我們對於愛情火花的執著是非常危險的感情觀。這觀念讓我們忽視對方的真實潛能，害我們錯失好伴侶。本章目的在破除許多關於愛情火花的迷思。希望你讀完之後，也能隨著我喊「去他的愛情火花！」。

迷思一：遇到對的人就一定會怦然心動

真相：感情關係初期，通常沒有怦然心動或即時投緣的感覺

優質的性愛關係和投緣感覺可以慢慢培養。

一見鍾情很少發生。心理學家艾亞拉・馬拉可・派恩斯（Ayala Malach Pines）曾對四百多人進行調查，詢問他們如何愛上現在的感情伴侶，發現只有一一%的受訪者說他們「一見鍾情」[1]。

你有沒有發現很多人是和鄰居交往？或是大學一年級時，同一個走道上的宿舍房間或同一堂課程會產生多對情侶？這是因為我們看愈多次，就愈喜歡。心理學家稱這個是單純曝光效應（mere exposure effect）[2]，多看就會產生熟悉感。我們喜歡熟悉的人事物，接觸熟悉的人事物時，也會有安全感。

有位女性朋友曾在義大利餐館當領檯。她剛到任時，有位廚師約她出去。她對那位廚師沒感覺，所以拒絕了。廚師尊重她的答覆，兩人成為職場上的朋友。她下班後，廚師會開車載她回家，他們會在餐廳打烊後和同事一起喝酒到深夜。廚師邀約失敗六個月後的一個晚上，她在車裡吻了他，他感到驚訝又歡喜，他們兩人那週就去約會。現在，兩人已結婚並有兩名孩子。

「我起初沒感覺。」她告訴我：「但我漸漸地愛上他。這些感覺需要時間培養，但現在我無法想像沒有他的人生。」

我經常聽到這類故事。已婚情侶很喜歡和我說他們第一次約會（或前兩次約會）有多糟，意義很明顯，愛情的火花可以培養。有時火花非常微小，需要空氣的助長。如果不給予成長的時間就把火花捏熄，你就永遠無法享受愛情之火帶來的溫暖。

心理學家保羅・伊斯威克（Paul Eastwick）和露西・杭特（Lucy Hunt）曾在多年前探討這現象[3]。學期開始，他們請異性戀男學生為班上異性戀女學生的吸引力做排名，也請異性戀女學生做同樣的事。分析排名後發現，學生對於同學外貌的評比大致相同。初評的根據為第一印象，稱作交配價值（mate value）。

三個月後的學期末，研究人員請學生再次替同學評分。經過一學期，學生互相認識更深，分數的變異提升了。新的評分稱為獨特價值（unique value），就是與人相處後對那人的看法。

伊斯威克與杭特提出原因解釋分數的變化。初識對方時，我們會評估其交配價值——就是整體外貌與言行舉止。但更深入認識對方、與對方產生共同經驗後，我們便會發現對方的獨特價值，就是他們的內在。上面教授的研究中，學生第一次替對方評分的時候，他們的評分反映的是交配價值，即是性感程度，而多數人認為同一群人性感。然而，學期末時，學生的評分根據轉變為獨特價值。獨特價值取決於他們認識的人，可能是出於單純曝光效應，許多學生對同學的好感高於學期初的評分。交配價值的重要性隨時間衰減，重要的是認識對方後對他的感覺。

同樣的現象也發生在教室之外。第一次認識他人時，我們會以外貌為主要依據形成第一印象，但隨著我們深入認識對方，我們對他的好感通常會增加，使我們以不同的眼光看待對方。

性愛也是如此。情侶通常無法第一次就神奇地享有優質的性愛。遇過一夜情不順利的人都知道，兩人需要時間才能培養韻律並了解對方的身體和喜好（以及自己的身體和喜好！）。

♥ 迷思二：有愛情火花一定是好事

真相：不一定

有些人很會讓人感到愛情的火花，或許他們長得帥、漂亮，或許他們是撩人高手。有時，愛情火花的出現代表的是對方很迷人或甚至很自戀，不是兩人之間有某種連結。我和燃燒人布萊恩的關係，讓我得到這教訓。燃燒人布萊恩令我（以及許多其他女生）感到愛情的火花，但我卻苦苦無法使開始的那分心動轉變為感情關係。

如果對方在玩心理遊戲，或傳送不明不白的訊息，你可能也會認為自己感到愛情的火花。許多人誤把焦慮當成投緣（焦慮型依附者，我說的就是你）。就和健身課上的薇薇安一樣，你必須學著辨認這種感覺，並開始尋找另一種類型的伴侶——屬於安全型、不會讓你懷疑他們感覺的伴侶。別再認為對方如果可靠，但沒有給你小鹿亂撞的感覺，那就不是愛情。這還是愛情，只是並非焦慮型的愛情。

◡ 迷思三：出現愛情火花代表關係可往下走

真相：即使火花能引發長期關係，但還不足以維持關係的運作

我遇過不少早該分手，但卻因為當初有火花而一直不分手的情侶。許多離婚者也曾有火花。有位朋友大學畢業後，去南韓教英文。三週後，他開始想念家鄉，思念家人。他在南韓沒交到朋友，學生也不太修他的課程。

有天，他在打烊時走進一間酒吧，發現有位高挑的金髮女性坐在角落，沒有人陪伴。他看著那位女生喝完最後幾口紅酒，合起書本起身。她看起來像他一位大學朋友，他很想念這位朋友。他平時害羞，但那好像很熟悉的臉龐使他大膽起來。他走向那位女生並說：「嗨！我是內森，你住這裡嗎？」那位女生沒料到會聽見英文，於是後退了一步。片刻後，她說：「呃，對，我住這裡。」她伸出手自我介紹：「我是艾瓦。」

內森微笑以對。她很美麗並且還說著英語。他立即感到愛情的火花。「想不想去另一間酒吧，聊聊你在看的書？」內森問道。

他們在南韓交往了一年，然後一起搬到聖路易（St. Louis），隔年結婚。但這段關係卻發生問題。「回想起來，警告跡象早就出現了。初次約會的時候，她在讀書，我只是想買醉。」

他們談到某些事情時，就會轉換話題。例如男方想要小孩，但女方不想；女方想重返南韓，但男方想在聖路易安頓下來。「我覺得我們因為最初的火花，而乎視兩人之間的差異。」結婚不到一年，他們無法再對這種不滿視而不見。

「我真的覺得，我們關係的動力來源完全只是『我們怎麼認識的』故事。」他說：「若我們沒有這種美麗的異國邂逅故事、這種一見鍾情的故事，當初可能根本不會結婚。我們生活中的一切，為的就是不要辜負那夢幻邂逅。」

不要因為以「對的」方式遇見對方，就勉強維持感情。

與其要火花，還不如漫燃

火花本身並不是件壞事。火花是個有效的訊號，代表你對對方有好感。許多好的感情關係來自於火花，但許多糟糕的感情關係也是因為火花。記住，沒有火花不代表感情一定會失敗，有火花不代表感情一定會成功。有位數學家客戶曾告訴我：「要讓關係長期幸福美滿，火花並非充分條件，也不是必要條件。」

別再把火花當作第一次約會的判斷標準，別再窮盡所能追求那種興奮之情。請注重真正重要的特質，例如忠誠心、善良以及對方給你的感覺（如果忘記的話，請複習第七章）。

與其要火花，還不如漫燃——那種第一次約會可能沒有特別迷人，但適合做優質長期伴侶的人。漫燃需要時間，但漫燃值得等待。下一章將介紹看出漫燃的方法、應該給這種對象機會的原因，以及決定是否繼續的時機。

我的朋友卡崔納就讀醫學院。她使用交友軟體，但一直沒進展。她生性害羞，所以初期約會的時候對方覺得她很冷淡。一次又一次初次約會的同時，她開始和鄰居蘇珊娜相處，和蘇珊娜講她的各種約會災難。友情發展幾個月後，蘇珊娜向卡崔納告白，兩人不久後開始交往。蘇珊娜告訴我，她對卡崔納的愛愈來愈深。這就是漫燃的力量。

幸福關鍵

一、去他的愛情火花！在感情關係開始時，沒有怦然心動和陶醉的感覺是正常的。投緣的感覺可以慢慢培養。

二、愛情火花可能會受時空環境的影響。沒有感覺到火花，可能只是因為，兩人相見的時空環境本身就沒火花。

三、有愛情火花不一定是好事。這種投緣的感覺其實可能是焦慮感，因為對方不明講他們對你的感覺。有時，火花的出現只是代表對方很迷人或是很自戀，不是兩人之間有某種連結。

四、感覺到火花不代表關係可往下走。即使火花打開長期關係，但還不足以維持關係的運作，也不代表兩人命中注定要在一起。

五、與其要火花，還不如漫燃——那種初次約會時，可能沒有特別迷人，但適合做優質長期伴侶的人。

第十二章 促成下一次約會

——練習正面看待他人並決定是否再約

我的客戶強納森原本把約會當成求職面試，但他漸漸改變策略，不再約咖啡廳，改約他家附近的一間熱帶南洋風情酒吧，那裡的酒保優秀，燈光優美，吵雜聲恰到好處，讓他有藉口靠近對方耳語。他也不再擔心有沒有火花。

不久後，我們可以一起嘲笑當初為何要早上七點咖啡約會。強納森已掌握第一次約會的要領，但他很難決定要再約哪位對象。

有次會談時他對我說：「其實，我遇到許多優秀男人，但約會後，我會一直想他們的缺點，像是職業不有趣、幽默感庸俗、穿背心。」

強納森執著在負面特質，這並不是他的錯，這是人類大腦演化的結果。我個人認為，不應該因為對方穿背心就把人家淘汰掉。喜劇演員迪米崔・馬丁（Demetri Martin）曾說，背心有一個用途——搞不好會遇到「範圍狹小的寒流」[1]。

好消息是，我們可以採取行動阻擋這類衝動，讓我們不再因為愚蠢的理由而錯失優秀對象。我們可以訓練大腦去找對方的正面特質，請遵守約會版的黃金法則：「如果不希望別人用這種方式評論你，那就別用這種方式評論別人。」

人類過於注重負面經驗而忽視正面經驗

生物人類學家海倫．費雪曾寫過許多談感情關係的書籍，出版後大受歡迎。我訪談她時，她說人類大腦發展出所謂的負面偏誤（negativity bias）——人會反覆思考負面的事情。主管或同事的評比，哪種你會記得更清楚？稱讚還是批評呢？這就是負面偏誤產生的效果[2]。

費雪說，演化會使人類大腦更清楚記住負面經驗，提醒我們在未來要避免這些經驗，這種腦迴路會幫助我們感知並避免威脅。若差點被利齒老虎吃掉，記住老虎的模樣和棲息地對自己生存有幫助。但是，現代生活不太會遇到肉食性猛獸，但我們的還是依然執著在現代版的負面經驗。「如果交往過五任女友，其中一任討厭你，」費雪說：「那人最容易被記住。」

這種思維對我們的祖先有好處，而且也保有一些價值，但在現代卻產生問題，尤其是對感情生活。它使我們約會後，將對方不好的一面記得最清楚（所以你才會記得上次約會對象的口氣聞起來像蔥油餅，而不會記得她稱讚你的穿搭）。

「基本歸因謬誤」使人無法正確判斷對方狀況

除了負面偏誤之外，我們也受到許多無意識的認知偏誤所影響，使我們無法正確判斷對象的人格。其中一種認知偏誤，就是基本歸因謬誤（fundamental attribution error）——我們會認為對方行為背後的原因，是來自他的內在人格而不是外在情境[3]。有人犯錯時，我們會認為這個錯誤表現出某種人格本質，某種不好的人格本質[4]，我們不會幫他找外部原因來解釋這個行為。

例如，如果約會對象遲到，我們會覺得他很自私，並不會想到他有可能是因為塞車緣故。如果對方說會回覆訊息但卻沒回，我們會認為對方不體貼，不會想到有可能是他這週工作太忙。你我都知道這種以偏概全的評論並不公平，但在當下，我們的大腦就是會這樣思考。

練習著眼在對方的「正面特質」[5]

由於負面偏誤和基本歸因謬誤的影響，難怪強納森會本能地拒絕再次和對方約會。但如果他想尋找長期伴侶，就必須學習克制這些本能上的衝動，注重在對方的正面特質。若他學不會，就會錯看許多優秀的潛在伴侶。如果他一直無法展開第二次約會，他又要如何步入禮堂呢？

注重對方正面的能力，就像肌肉一樣可以培養，但需要訓練。心理學家尚恩·艾科爾

（Shawn Achor）針對感激日誌的研究發現，連續三週每晚寫下三件不重複的感激事情，大腦感知世界的方式就會開始改變。這種練習會訓練你發現原本忽略掉的事情，例如晚間正好趕上一班公車，或和同事一起捧腹大笑的感覺。

感情生活也如是。請訓練自己注重對方正面特質。與對方聊天時，尋找別人可能忽略掉的特質。哲學家兼作家艾倫．狄波頓曾告訴我，別執著於對方的負面特質，請運用「想像力」來「尋找優秀可取的地方」[6]。

我曾帶過一位名叫格蘭特的客戶。他的想法非常負面，發言時都有：「對，但是……。」面對人生，他總是雙手交叉抱胸，隨時準備好質疑全部消息，即使是好消息也不例外。可想而知，他約會後的訊息回報，讀起來像是《辣妹過招》（*Mean Girls*）裡的批鬥天書。「太矮、不笑、職業不有趣、可能要搬回加拿大、『concomitant』這個字唸錯。」他細數道。

下次會談時，我請他坐下。「格蘭特，你這個人不是只有缺點，對吧？缺點無法代表你的全部。你是一個完整的人，有優點也有缺點。你也希望別人看見你的全部，不要以偏概全，對吧？如果不希望別人用這種方式評論你，那就別用這種方式評論別人。」

我規定他約會後不能向任何人說對方的缺點，也不能在心裡想對方的缺點。他必須寫下女方五項優點。就像艾倫．狄波頓說的那樣，他必須運用想像力，突破事情的表面。

一開始，格蘭特覺得這個練習很難。他寫下「沒遲到」或「用字遣詞正確」等事情。但久而久之，他愈來愈有心得。以下是他有一次傳給我的：

- 善良，我喜歡她對待餐廳服務生的態度。
- 體貼，她問我那場重要的工作會議開得如何。
- 重視家庭，她看起來真的很喜歡聽我講祖母的事。
- 超聰明。
- 接吻高手！

雖然格蘭特還沒找到伴侶，但他現在和對方去第二次約會的頻率高很多。他學會運用想像力，讓自己有多一點時間來探索、理解和欣賞潛在伴侶。

練習：注重對方的正面特質

無論是在交友軟體上評估對方，還是兩人在餐廳約會，請注重在對方的正面特質。看見對方的缺點很容易（演化賦予我們大腦這種本能），但請強迫自己注重正面特質。下次約會後，請傳訊息和朋友說說對方五個討你喜歡的地方。

上面的策略可以幫助你看見對方優點，但如果對方犯錯，引發基本歸因謬誤的話該怎麼辦？你可以想出一種更有同情心的替代原因，來解釋對方的行為，用來克制這種衝動。

- **狀況：他第一次約會就遲到。**
  基本歸因謬誤：他自私。
  同情模式：雖然他約會前的一小時就出門，但列車誤點了。
- **狀況：安排第一次約會時，他訊息回很慢。**
  基本歸因謬誤：他沒禮貌。
  同情模式：他工作太忙，但仍然努力撥出時間來約會。
- **狀況：在晚餐時，她講了一則很爛的笑話。**
  基本歸因謬誤：她的幽默感很爛，我們不適合。
  同情模式：她很緊張，想逗我笑。

下次遇到這些狀況時，請試著切換到同情模式，以免不小心拒絕優秀的潛在對象。

歐洲器官捐贈率

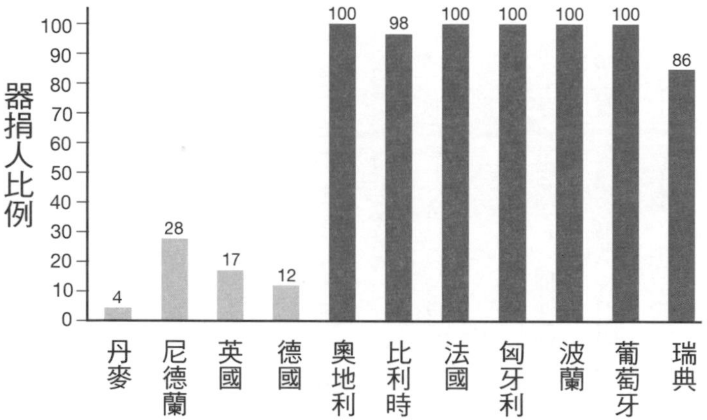

善用「預設效應」促成第二次約會

我講到的所有心態轉變都不容易。我們經常執著在對方的負面特質，決定不要再和這個人約會，這是我們的本能。但其實還有一個方法，能讓整件事變得簡單——善用預設效應（default effect）。

許多行為科學實驗證明預設選項（defaults）[7]——也就是默認、不用做任何行動就會得到的選項，會影響我們的行為。假如你幫連鎖漢堡店設計菜單，必須設計漢堡的基本配菜，究竟要附薯條，但顧客可選擇換成沙拉；還是要附沙拉，但顧客可選擇換成薯條？你的選擇會成為預設選項，而許多顧客也會跟著預設選項點餐。

上圖顯示預設效應的影響：

如圖所示，有些歐洲國家幾乎全民都同意器

官捐贈，有些歐洲國家則幾乎沒人同意。我們可能會認為，這樣的差異源自於宗教信仰差異或社群觀念的強弱，但事實並不是這樣，相似國家的器捐率差異很大（例如丹麥和瑞典）。

為何有這種差別？原因不在於宗教或文化差異，而是預設選項的差異。人通常會保留預設選項，尤其是身後遺體處置這種困難而且還牽涉強烈情感的決定。有些國家所提供的表單上面寫著：「願意參加器捐的人請打勾。」，結果打勾的人很少，上圖前四個國家就是這樣。有些國家的表單則寫：「不願參加器捐的人請打勾。」，打勾的人也很少，因此多數人就這樣自動加入器捐計劃，這就是為何那些國家的器捐率較高。兩種國家裡，多數人民跟著預設選項走，沒有特別去打勾。一位職員設計出的微小差異設計，大大影響了器官捐贈這個重要的議題。

預設效應有各種不同的運用方法。例如，我有個朋友想減重，所以幫自己訂出預設選項：不吃麵包。如果有人給他麵包，他就會拒絕，不會花心思做決定，因為他遵守預設的規定。

想想這對感情生活的影響，設計預設選項可以幫你做出更好的決定。為什麼不把會有第二次約會定為預設？這樣可以避免大腦發揮本能注重負面特質[8]，還能幫你感情漫燃而不是火花。

當然，預設也有破例的狀況。請預設自己除非發生很誇張的事情（例如對方遲到兩小時，身上滿是龍蝦味，而且還吸毒吸到嗨），不然一定會和對方第二次約會。

初次見面時，我的客戶艾瑪說她很少去約會。我們一起撰寫自我介紹、思考開場白、訓練聆聽的技能、做各種準備。我們訂的目標是，一週至少約會一次。艾瑪是個成就高超、指標導向的營運經理，所以她從很少約會的狀況，轉變成一週約會好幾次。

一個月後，我發現很少聽到她重複提到同一名對象。「艾瑪，你和同一個對象約會過第二次嗎？」下次會談時我問道。

她想了一下。「沒有，應該沒有。只有第一次約會而已。但你看我約會次數很多！」

「這樣很好。」我說：「但別忘了我們的總目標——幫助你找到長期伴侶。我希望你和對方約會第二次、第三次。」

她答應把第二次約會定為預設選項而不是例外。一週後，她傳訊息給我：「我昨天和兩位男生約會，現在已經安排好和兩人的第二次約會了！」

你可能覺得這很理所當然，但這小小的改變——專注在第二次約會而不是第一次約會，對艾瑪的策略產生意義重大的影響。一個月後，她和一位優秀男性約了第二次、第三次、第十次。這個男生不久前才經歷痛苦的分手，現在正在療傷。「他很害怕受傷，但我們還是一直出去約會。我們愈聊愈深，建立了深厚的連結。」兩人至今仍在一起，而且正考慮一起搬到奧斯汀（Austin）。

將第二次約會定為預設選項的規定，讓強納森找到目前的伴侶。強納森說，來找我諮商前，他可能根本就不會和這男生出去約會。因為對方的身高比他之前的底線低，而且就算雙方出去約會，他也會拒絕約第二次，因為第一次約會「普普」。可喜可賀的是，這次他決定給對方另一次機會。

「我男友很有上進心而且很成功，但形式和我預想的不一樣。我們兩人玩得很開心。他很會聆聽，善於溝通。我們非常投緣，他很體貼我的需求。以前我以為自己想找那種大執行長類型的男人，但現在發現，這不是我滿足感的來源。放棄這種錯誤的擇偶標準改變了全部，使我關注兩人相處時的體驗。」

目前狀況的賭注很低。第一次約會的目的不是在找人生伴侶，而是決定是否要約第二次，就只是這樣。約第二次或第三次後，再判斷對方是不是合適比較好。不要因為第一次約會印象不好就拒絕潛在對象，畢竟第一次印象受到各種認知偏誤所影響。

練習：把第二次約會定為預設選項

本人＿＿＿＿＿＿＿＿承諾安排更多的第二次約會。

簽名：

日期：

明確定義出你可以接受的小毛病

下一項建議和預設第二次約會一樣，可以幫助你給更多人第二次機會——不要把對方的小毛病當成交往地雷。真正的交往地雷指的是，絕對會讓兩人關係沒未來，完全不能相容的點。例如，兩人宗教信仰不同，而你想讓小孩完全在自己的信仰環境中成長。任何沒那麼重要的因素，都算是加分而不是必要條件。

幾年前我參加一場酒吧的歡樂時光活動。有位三十五歲左右的女性找我攀談，聊她的感情生活。她叫瑪麗亞。她說：「我很願意認識男生，前提是不能有口臭。」

聊天時，我發現瑪麗亞許多年來，無法脫單的原因是她有某些行為，例如把所有男人分為兩類：有口臭和沒口臭。確實，口臭很討厭，同樣讓人討厭的行為，還有邊吃食物邊講話、別人說話時插嘴，或是在家把衣服亂丟到連地板都看不到（以上都是本人的習慣）。然而，完全沒有研究證明，沒口臭和長期幸福美滿有關聯。

請先把重點放在長期因素，不要被一些小事打亂目標。你可能會用這些小事當成一種防衛機制——因為某種原因，所以想避免進入感情關係，所以用這種方法，以為在保持單身，同時又表現出在約會的樣子。

這就是瑪麗亞的情況。她誤把可接受的小毛病（PPP，Permissible Pet Peeve）當成兩人不適合的原因。這些概念的清楚定義如下：

- **小毛病（Pet Peeve）**：覺得很討厭的小事情，但或許別人並沒那麼討厭。
- **可接受的小毛病（Permissible Pet Peeve）**：感覺擁有某個偏好就代表兩人不適合，但其實只是小毛病。
- **交往地雷（dealbreaker）**：不想和對方交往的實際理由。

請思考自己心中的交往地雷。你能不能想像，和有這種特質的對象，展開長期關係會怎樣呢？如果可以接受，這就不是交往地雷。假如你是異性戀女性，心中有個交往地雷是「男生身高低於一八〇公分」，現在，請想像自己遇到一位英俊、迷人、善良、善於聆聽、有很多好朋友、會逗你笑的男人，但他站起來後，你發現他身高只有一七五公分，你會想和他交往嗎？幾乎肯定是會吧。身高並不是交往地雷。

但假如你確定不想生小孩，而第一次約會很順利，但最後對方開始開心地聊她的姪子和姪女，說她等不及想養自己的小孩。我才不管她有多美、你有多喜歡和她相處，你們兩人的未來規劃完全不同。這就是交往地雷。

交往地雷又像是，其中一方想要單配偶關係，另一方卻不相信單配偶制。其中一方對於感情關係中，性別角色的觀念很傳統，但另一方相信有其他種不同的平衡。你抽菸而且不打算戒菸，而對方有氣喘。

請列出兩個清單，對你而言，哪些是重要的交往地雷，哪些只是個人偏好或加分？這個練習對強納森很有幫助，讓他發現身高並沒想像中那麼重要，是不是擔任企業高層也沒那麼打緊。但他發現，自己不可能和沒有幽默感的人交往。

練習：辨認真正的交往地雷

寫下對你而言真正重要的事情。

- 對我而言，真正的交往地雷是什麼？
- 我可以接受的小毛病，不該誤當成交往地雷的是什麼？
- 我認為加分的特質，即使不具備，也不能當成交往地雷的是什麼？

到底要約會幾次後，才決定是否繼續？

如果把第二次約會成為預設選項，下一個要想的問題就是，我應該和對方約會多久？第三次約會是否也應變成預設？

我不能說只靠兩次或三次約會，就能判斷對方是不是適合做長期伴侶。沒有資料可以決定需要幾次約會。請思考兩人相處時發生的事情，你喜歡和對方相處嗎？對方有讓你感到快樂嗎？你喜歡和對方相處時的自己嗎？你想不想親對方？你對對方的興趣愈來愈高，還是愈來愈少，還是緩慢成長？如果對方對你或其他人沒禮貌或不尊重，請不要再和他約會。如果對方讓你感到不舒服、焦慮或難過，也不要再和他約會。

請誠實看看自己，你幾歲？約會後會煩惱沒有愛情火花，這種情形持續了多久？或許你該做出改變，給對方一個機會。請回顧本書第四章的祕書問題[9]，你很有可能已經遇過適合做長期伴侶的對象。

我不是叫你去約會然後馬上和對方定終身。第二次約會和定終生之間，還有足夠的時間可以反思兩人的關係。別因為一個預設選項就結婚！請思考當下的問題，你會想再次和對方見面嗎？如果想的話，就讓他們知道！

拒絕消失式分手的宣示：不准不告而別！

你總有一天會遇到「決定不想和對方繼續交往」的時候。這時該怎麼辦？無聲無息地消失？不！絕對不要！本書的重點就是做出刻意的感情選擇，而這也包含分手。

我對消失式分手的定義如下：兩人溝通時，其中一方等待另一方的回應，但另一方卻不回應。兩人約會後都沒有傳訊息給對方，這算是雙方都選擇退出，不算消失式分手。但如果約會後，其中一方傳訊息說：「安安，約會很開心。我們要約下次見面嗎？」但另一方卻完全沒回覆，這就是消失式分手。

為什麼有人採取消失式分手？我曾訪談數十個人，聊他們消失式分手的習慣。他們告訴我：

「我消失是因為，我不知該怎樣向對方解釋，其實我不想再和他們見面。」

「我消失是因為，我覺得拒絕對方很尷尬。」

「我消失是因為，直接消失所造成的傷害，會比直接拒絕小。」

許多人採取消失式分手，是因為他們想避免尷尬，避免傷害對方的心。

但這麼做造成反效果。消失式分手才是讓人尷尬的作法，而且讓對方的心掛在那邊也是種傷害。除了以上原因之外，還有另一個要避免消失式分手的原因——消失的那方也會難過，而且難過的感受，更大於直接向對方表達的感覺。

有兩個認知偏誤可以解釋這原因：

第一，人類的情感預測（affective forcast）能力很低。換句話說，我們不擅長預測某種狀況在未來會對我們造成的感覺，例如消失式分手後，我們不知道自己的感受。

第二，我們對自己的看法，會因為自身行為而有所不同，並且會隨時間改變。根據達爾．班姆（Daryl Bem）提出的自我知覺理論（self-perception theory）[10]，此現象背後的原因是，我們無法感知自己內心的想法和感覺，我們藉由自身行為去判斷自己人格。這就是為什麼實驗證明[11]，擔任志工是提升幸福感最可靠的方式之一。志工的幸福感和自尊心普遍高於不當志工的人，因為他做完志工工作、回顧自身行為時會想，我花時間幫助他人，我一定是個善良仁慈的人！

有些人採取消失式分手是為了避免尷尬，但根據自我知覺理論，人消失後會回顧自身行為，心裡想著「我傷害了對方，我可能是個渣男。」然後他們會覺得自己很糟。

我曾經做過實驗，證明消失式分手會使人感到更糟而不是更好。我透過臉書和Reddit（一個兼具娛樂、社交的新聞網站），招募自稱「每個月至少消失式分手一次」的人當作受試者。我運用問卷請他們預測，當作出以下兩種行為後，自己分別會有什麼感受：第一種，消失式分手；第二種，傳訊息向對方表明沒興趣。感受量表有一至五分（從一點也不快樂到非常快樂）。

可想而知，多數填答者預測，當自己採取消失式分手後會感到「普通」乃至「快樂」，而傳訊息明確拒絕後會感到「有些不快樂」乃至「一點也不快樂」。

我請一半的受試者，在下次消失式分手後，用同樣的五分量表評量自己感覺，並請另一半不要消失式分手。如果後者不想再和對方見面，我請他們直接在約會後傳送以下訊息：「哈囉，×××（對方名字）。我聊×××（談話主題）聊得很開心。但我認為我們不適合交往，但我很高興和你見面。」我請他們傳螢幕截圖給我，紀錄他們的訊息內容以及對方的回覆（如果有的話）。

你覺得結果發生什麼事？沒有傳訊息的受試者，多數對自己的行為感到「普通」乃至「不太快樂」。後續會談中，他們表示感到有罪惡感，而且如果對方在第一次約會後，問很多次要不要再見面，他們會有一種完全不想碰手機的感覺。

傳送訊息向對方表明沒興趣的那組人，則有將近三分之二的機率獲得對方的正增強，其餘三分之一則是對方沒回覆，只有一例是對方回覆並詢問原因，進而引發爭吵。

採取消失式分手的人，以為他們幫自己選擇了容易的道路，但他們錯了。如果選擇善良、坦白、禮貌的道路，我們可以獲得正增強。對方可能會回覆：「謝謝你告訴我，祝你順利。」聽到那聲音嗎？那就是鬆了一口氣的聲音。對方肯定我們是好人，讓我們感到心情比較好。

希望我已成功說服你避免消失式分手，也告訴你原因，但有時要寫出「謝謝你，下一位。」這種訊息很難，請不要為難自己。請打開手機的筆記資料夾，或把上面像填字遊戲的分手訊息存下來。盡量在你發現自己對對方沒興趣後，馬上傳給對方。

如何好好的拒絕對方

請這樣做：

一、有禮貌。

二、把話說清楚，可以使用「我認為我們不適合交往」或「我認為我們不適合做情侶」等組合。

三、言簡意賅、正向體貼。你寫的是禮貌的通知訊息，不是說明現代戀愛的危險宣言。（這是我的工作！）

請不要這樣做：

一、說還想當朋友，但實際上並沒這個意思。有些人可能會信以為真，但如果你不是真心想做朋友，對方只會受傷更深。

二、批評對方，給予回饋。這樣做很唐突，你沒有資格評論對方。

三、對方要你詳細解釋後，還與對方持續交談太久。

把話說清楚很好，但你不欠他們歹戲拖棚的對話。

請大家宣誓「拒絕消失式分手」，承諾你會直接、坦白地表達自己的感覺。請丟掉消失式分手，這樣做只會傷害自己。

幸福關鍵

一、負面偏誤是人類會執著於負面事物的本能。你可以注重對方最好的特質，藉此克制負面偏誤。記住約會版的黃金法則：「如果不希望別人用這種方式評論你，那就不要用這種方式評論他人。」

二、我們常犯下基本歸因謬誤，認為別人的行為，是反映他內在人格而不是因為外在情境。例如，若對方約會遲到，我們可能會認為對方很自私。但我們可以改用同情模式，思考對方行為背後的原因，用來克制基本歸因謬誤。例如對方遲到可能是因為，下班時主管找他談事情。

三、我們沒有自己想像中那麼會看人，雙方的吸引力經常需要時間去培養。因此，我們必須訂出預設選項——安排第二次約會。

四、請分辨你可接受的小毛病、交往地雷之間的差異。不要因為某些原因對長期沒影響就淘汰對方。

五、不准消失式分手！

第十三章

重視同居、結婚所代表的意義

——向對方明確定義關係後才往下走

你有沒有曾經一人嗑完一整盒電影院爆米花，等到手指碰到紙盒底部，才赫然發現自己吃了很多？我就是這樣，如果你和我一樣，可能也做過這種事。那你會不會一下就吃掉一大包有獨立包裝的點心？可能不會。這是因為無論容器大小，只要碰到容器的盡頭，就會產生一個決策點[1]，這個時刻會打斷我們無意識的行為，讓我們有機會做有意識的選擇，例如：「要繼續吃爆米花嗎？」

行為科學家俄瑪・齊瑪（Amar Cheema）和狄立普・索曼（Dilip Soman）曾進行一項高明（且美味）的實驗，研究「決策點」的力量。他們請受試者完成一連串的任務，每位受試者都獲得一包二十入的餅乾，可以邊做邊吃。餅乾有三種包裝模式：一整條二十片、用白色蠟紙分成好幾段、用彩色蠟紙分成好幾段。

受試者進行的任務本身不是實驗重點。研究人員看的是，包裝方式是不是會影響受試者的餅乾食用量和食用速度。他們發現用彩色蠟紙分成好幾段的餅乾消耗量比較少、消耗速度較慢，因為彩色蠟紙產生的決策點更加明顯。每個決策點，都能讓受試者的大腦從無意識思考模式（在這個實驗中，是無意識的吃點心）切換到刻意決策模式的機會。一整條餅乾不包含任何決策點，而白色蠟紙很容易讓人忽視存在，但彩色蠟紙會讓受試者遠離盲目的吃點心模式，逼他們思考：「還要繼續吃餅乾嗎？」

決策點會存在於人生各個面向，不只在吃餅乾或吃爆米花的時候。感情關係中更是充滿決策點。許多決策點令我們感到壓力，使我們徹夜難眠，但我認為決策點是一種天賜良機，讓我們有機會停下來、喘口氣、反思當下的所作所為。我們可以反思人生，決定下一步該怎麼走，做出更好、更周全的選擇。

然而，感情關係中的決策點，不像是區隔餅乾的彩色蠟紙那樣明顯。感情關係裡的決策點不容易看出，尤其是當我們順著人生動能往下走的時候。

心理學家把情侶進入下一階段關係的方式分為兩類：「決定」或「滑行[2]」。「決定」指的是對雙方關係的轉型，刻意做下決定，例如決定一對一交往或決定生小孩。「滑行」指的是沒仔細思考就滑入下一階段。兩者之間差異很大。國家婚姻計劃（National Marriage Project）是維吉尼亞大學（University of Virginia）研究人員每年發表的全美婚姻報告[3]。計劃發現，如果情侶有意識地進入感情關係的下一階段，他們的婚姻品質會高於用滑行進入下一階段的情侶。此外，路易斯維爾大學（University of Louisville）和丹佛大學（University of Denver）的研究人員，發現「滑行」過關係里程碑的人，對伴侶的專一程度較低，而且比較容易發生婚外情[4]。這些研究證明，「滑過」決策點會對關係造成危害。雖然感情關係有太多重要的決策點，但本章目的在幫助你面對其中兩個：定義關係和同居。

「定義關係」是重要的決策點

還記得我的客戶靜靜嗎？她是猶豫派，三十一歲才初次約會。經歷好幾段短期戀愛後，她開始和一位名叫詹姆斯的男生交往。她很喜歡詹姆斯的朋友圈。他們善良、熱情又幽默，但她最愛的事情是，詹姆斯很快就把她介紹給自己的朋友。不久後，她見到詹姆斯的家人，在某一個星期日晚上和他父母、姊妹和侄子共進熱鬧的晚餐。她感到一種被接受的感覺。她心裡想著：終於找到心目中的感情了。

「認識剛好滿四個月後，我們出外共度週末。」初次會談時靜靜告訴我。詹姆斯開車，靜靜負責導航。「我的手機沒電了，於是我問他能不能用他的手機導航。」詹姆斯猶豫了。「他說他手機不能離身，以防主管傳訊息給他。」

靜靜感到一絲不對勁。她拿起詹姆斯的手機。即使沒有解鎖，她還是能看見交友軟體的通知：你有新配對！她愈滑心跳愈快，讀著每一位和詹姆斯配對並傳訊息的女生名字。

「這是什麼？」她說。「抱歉。」詹姆斯說：「但我們從來沒說要一對一交往。」

那是他們最後一次見面。

靜靜說那次的經驗使她感到被羞辱。他認為和詹姆斯的親朋好友見面，並和詹姆斯共度週末代表兩人進入一對一的交往，她還刪除交友軟體並告訴媽媽她有男友了。然而，詹姆斯的看法卻不同，他認為兩人在明確討論以前，不算進入一對一關係。你知道的，就是那種檢視兩人關係的談話，又稱為「定義關係」或「我們兩人到底是什麼關係？」。「我覺得自己很可悲。」她說道。

許多人就和靜靜一樣。她不是因為交往經驗少，才發生兩人對期待有落差的困擾。我經常看到情侶對感情生活有不同的假設，他們躲開定義兩人關係的談話，因為他們覺得這種談話很尷尬，或是害怕目前狀況會破功。

但是定義關係是非常重要的決策點，是討論兩人關係進度和關係方向的機會。如果對方不把認真的你當作潛在伴侶，難道你不想早點知道這件事？為了獲得正確選擇所需要的資訊，你必須清楚定義關係。這對性健康也至關重要，如果其中一方和他人有性行為，另一方有權知道。

何時去定義關係並沒有完美時間點。當你覺得準備好停止和其他人約會、覺得自己可以稱對方是男友或女友時就可以提起，每個人的時間點不一樣。如果你生性急躁，請多問幾位朋友，檢查這個時間點是否合適（焦慮型依附者常常會急著定義關係，請複習第六章）。

一定要當面談，請事先想好如何開啟對話。要開啟困難對話的一個技巧，就是坦言自己覺得尷尬。這樣說就會讓對方明白你感到脆弱，回答你時會更有同理心。開場白可以試試「我覺得提這件事很尷尬，但……」或「這問題一白難以啟齒，但……」。

當然，你也可以直接問：「我們這樣算是在交往嗎？」如果你覺得這種問法太直接，你可以使用一個技巧：說你不知道要怎樣在別人面前稱呼對方，例如：「我朋友問我們兩人的關係，該怎麼和他們說？」或「今晚見到同事時，該怎麼介紹你呢？」

請向對方清楚傳達你想知道的事情。記住，這是對話，不是談判，請尊重對方所說的，請聆聽對方。對話的重點，在於了解對方的感受，而不是說服對方滿足你的需求。

即使沒有獲得期待中的答案，至少也得到更多資訊。這種情況中，資訊多點總是好的，現在你就可以決定要和他繼續還是選擇離開。

靜靜就是這樣，和詹姆斯的關係破滅幾個月後，她認識一位新對象，名叫卡爾，是朋友的朋友。她不想重蹈和詹姆斯的覆轍，所以和卡爾來往幾週後，她向對方提出定義關係。

卡爾說他還是無法從上一段感情的分手中走出來，所以無法立即投入這段感情。他想繼續和靜靜來往，但還沒準備好接受兩人關係這標籤，或進入一對一關係。靜靜認為可以接受，即使兩人沒有正式確定關係，但她還是願意和卡爾約會。

「其實我覺得這樣不錯。」她向我解釋說：「我發現我不需要他馬上投入感情關係。我在乎的是，他有沒有把話說清楚。」

記住！無論兩人有沒有正式確定關係，你處理「定義關係對話」的方式，會對未來關係造成影響。若你想要進入關係，而且發現對方也想，你會感到快樂又寬心。但若對方的回答不符合你的期待，那該怎麼辦？即使回應讓你感到失望，也一定要感謝對方分享想法。

請用同情心和好奇心接納對方的說法，讓對方知道，即使心中的想法不符合你的期待，但還是可以坦白表達。

練習：準備和對方「定義關係」的對話

請坐下來，拿出日記本，回答以下問題，替這場對話做準備：

一、我想如何開場？

二、這次對話的目標為何？

三、如果對方避開話題或沒做好定義關係對話的準備，該怎麼回應他？

同居也是重要的決策點

在感情關係裡，最重要的決策點之一，就是結婚（你知道的，拿出戒指、下跪、Instagram貼文公告）。但許多現代情侶在決定要不要結婚前，會先決定是否同居。

美國人口自從一九六〇年以來，成長八〇％，但婚前同居的情侶，卻暴增到一五〇〇％（一九六〇年有四十五萬對，今日則有七五〇萬對）；今日，五〇％至六〇％的情侶婚前會同居[5]。

但是，許多人卻沒有充分認真看待這個決策點。他們認為同居是測試關係的理想方式。皮尤研究中心（Pew Research Center）曾用全美國的成年人為母體，隨機抽取具有代表性的樣本[6]。十八至二十九歲的受訪者中，有三分之二認同情侶如果婚前同居，婚姻會更成功。然而，針對婚前同居的研究卻得出不同的結論：相較於婚前沒有同居的情侶，婚前同居的情侶，婚後的滿意度較低且離婚率較高[7]。這關係稱為同居效應（cohabitation effect）。

第一次探討同居效應時，研究人員認為，只有某種類型的情侶才會婚前同居[8]。他們假定這類情侶對婚姻的看法比較沒那麼嚴肅，因此對離婚也保持較為開放的態度。但是，隨著愈來愈多情侶選擇婚前同居，我們很難斷定只有特定類型的情侶，會選擇這條道路。

研究人員提出新的理論：他們現在怪罪「同居」這件事情本身。

假設有兩對情侶：伊森和傑米、亞當和艾蜜莉。由於傑米的租約到期，伊森和傑米決定同居。亞當和艾蜜莉曾討論要同居這事，但發現兩人都還沒準備好。兩對情侶的關係都在隨時間惡化。亞當和艾蜜莉分手了，但伊森和傑米則繼續在一起，因為兩人現在共養一條狗、共種了一棵印度榕，共用一張二手地毯。區分兩人的物品、找新的住所、分配照顧狗狗的時程太昂貴也太麻煩。兩人後來結婚，但多年後又離婚。

伊森和傑米的故事給我們什麼啟示？第一，同居可能讓原本不會結婚的情侶結婚（然後離婚）。第二，絕對不要合購二手地毯。

同居會大幅提升分手的成本，令人很難誠實看待兩人關係的品質。這又是之前提到的現狀偏差——我們喜歡維持現狀[9]。與同居的人分手不只會改變感情狀態，更是徹底顛覆居住安排和日常生活，使現狀偏差更難克服。如果兩人同居後發現關係不順，此時兩人繼續在一起的機率，會高於各自有個人空間的情侶。

既然同居會提升情侶結婚的機率，那就請重視這個里程碑和決策點。「決定」同居的情侶中，有四二%享受幸福的婚姻，而「滑入」同居的情侶，只有二八%婚姻幸福[10]。你可能會覺得這數字很低，但這就是多數情侶長期婚姻滿意度的悲慘現實。但是，其實還有方法可以扭轉情勢，本書最後一章會介紹。

若要討論是否同居，節省開支等現實考量是很好的開場，但討論的範圍不能只是物品上的安排，例如房租如何分攤或裝潢誰來負責。討論要保留誰的沙發，或是要住在哪個區域也不算是一起規劃未來。請把它轉換成刻意去討論深入話題，確認兩人對目前關係所處的階段，以及對未來方向有所共識。請做「決定」，別「滑入」。

有時，兩人對同居的意義有完全不同的看法，但如果沒經過這種對話，情侶可能一直沒發現兩人看法不一，直到簽了租約才發現為時已晚。

普莉雅和凱瑟琳討論同居的結果並不符合自己預期。「我們交往一年後，開始討論這件事。」普莉雅跟我講：「凱瑟琳在我公司附近找到一個很棒的住所，希望兩人能一起承租，她覺得已經準備好了。」

「我們兩人相愛。那間住所很完美，而且我們年紀也大了。」凱瑟琳補充道。

討論後，他們才發現兩人的想法有差。凱瑟琳認為同居是兩人關係中合理的下一步，但不代表兩人就要結婚，普莉雅則認為同居就是準備結婚。

「對我而言，如果我和你同居，我就是計劃和你結婚。」她說：「雖然最後不一定會結婚，但同居的意思就是結婚。」普莉雅擔心，一旦和凱瑟琳同居，兩人可能會由於慣性而在一起。普莉雅認為同居的決策點和結婚的決策點緊密相連。「我告訴凱瑟琳：『我尊重你的想法，而我還要一些時間才會覺得時機到了。』」

對某些情侶而言，決定不同居可能代表要分手了，但普莉雅和凱瑟琳卻沒有。他們兩人繼續交往。幾個月後，兩人再次討論這項議題。「這次完全不一樣。我們兩人都覺得：『對，這就是向結婚邁進的一步。』」普莉雅說道。

兩人決定同居，隔年訂婚。婚禮是一場家族盛事，老朋友聚集、也有剛出生的堂表親和吵吵鬧鬧的姑姑、阿姨、舅舅、叔叔。「現在，我們每一項選擇都這樣做。」普莉雅告訴我：「如果兩人方向不同，忽忙前進又有什麼意義？」

除了討論同居的意義之外，我也建議討論「心中對這個大改變會有什麼恐懼或疑慮」。這場對話可能會使兩人更清楚、了解目前的狀況。我曾輔導過一位名叫蘿拉的客戶，她正計劃和男友同居。男友個性溫暖又平和，讓本性焦慮的她感到滿足平靜。這是她六年來的第一段長期關係，她害怕急忙同居可能會讓關係破功。她告訴我她通常是「這段關係的執行長」，喜歡掌控事情，但擔心提出同居可能會惡化這個現象，怕自己變成嘮嘮叨叨的伴侶。她親眼看到父母的關係變成這樣，認為這就是父親選擇離開母親的原因。

「我男友遠距工作，而我是公司律師。」蘿拉說道：「他能力很強，但有時說到卻沒做到，或至少沒在我心中的期限內做到。我知道這聽起來很糟，但我很擔心自己同居後，會不斷瘋傳訊息給他，提醒他帶狗出去散步或上超市買東西。」

我輔導她和男友進行對話，建議她如何打開對話（運用技巧）、如何處理家事（平均分攤）以及如何檢視調整同居狀況（經常檢視）。

即使感到尷尬，而且有可能聽到不想聽的答案，蘿拉還是和男友對話了。有天晚上兩人在吃漢堡的時候，蘿拉向男友說，她提醒他要分攤共同責任的感受。她表明自己害怕會變成那種不斷罵人的伴侶。男友細心聽完後，坦承自己害怕蘿拉會因為他只負擔一小部分房租，而感到憤恨不平。兩人聊到深夜，討論這段關係遇到的事情。

那週末，兩人坐下來制定一套家事管理系統，用共享Google日曆紀錄提醒通知和預約行程。如此一來，她就可以在日曆上放提醒通知，不會覺得自己嘮叨。她也保證不會拿租金的事情來壓他。兩人現在安然同居，蘿拉和我說，他們的狗得到大量散步時間。

練習：簽訂租約前，先達成共識

同居前，請空出一個週末回答以下問題：

一、兩人為何要同居？

二、同居對你的意義為何？

三、你對這段關係有什麼期待？

四、兩人有沒有考慮結婚？如果有，預計何時結婚？

五、你對同居有什麼恐懼？

當遇上定義關係、同居等決策點、或其它關係里程碑時，你可能會思考要不要持續這段關係，你可能會半夜睡不著，一直想著他是對的人嗎？如果你苦苦無法回答這些問題，接下來的幾章會教你怎樣判斷答案，幫助你決定要不要分手，教你怎樣進行有同情心的分手對話，並協助你克服分手產生的心痛。

如果你決定不分手，可能會面對另一組嚴肅、改變人生的問題：要不要結婚？第十七章會介紹特別的練習，協助你做出明智的選擇，並說明為什麼戴上婚戒前必須做好功課。

幸福關鍵

一、決策點會決定你要繼續走下去，還是要改方向。決策點會讓大腦從原本的無意識思考模式轉換成刻意決策模式。感情關係中有許多要做出選擇的地方，讓雙方有機會停下來、深呼吸、反思。

二、情侶進入下一階段關係的方式，心理學家把這分為兩種：「決定」和「滑行」。決定指的是，做出刻意的決定讓關係轉型；滑行指的是，不仔細思考就跳進下一階段。以「決定」的方式進入下一階段的情侶，通常會有更健康的關係。

三、開始和對方固定往來後，請不要先假定兩人已進入關係。你必須透過「確定關係」的對話，讓兩人明白現在階段、未來走向有沒有共識。

四、選擇同居會提升兩人「滑入」婚姻的機率，所以一定要仔細看待此事，並討論這對兩人未來的意義。

第十四章

抓對甩人的時間點——太早或太晚分手都是損失

週五晚間十一點，我的手機響起，來電號碼我不認得。當時我正在刷牙準備睡覺。「喂？你好？」我猶豫的問，滿嘴都是牙刷泡沫。

電話另一端傳來哭泣聲，我把泡沫吐進水槽。「請問哪裡找？怎麼了？」一陣抽泣和擤鼻涕聲後，電話裡的聲音說：「我是雪梨。我們的共同朋友漢娜給了我你的電話號碼，我想說的，是關於我男友的事情。」

我緊握牙刷的手放鬆了，這種事我處理得來。「怎麼了？」我重複道。我可以猜到對話的方向：男友向她提分手，她需要心理上的支持。她深呼吸後鎮靜下來，說：「他想向我求婚？和我想的恰恰相反。「為什麼這樣不好呢？」「我想我可能要和他分手。」

我常接到這種電話，聽各種性別、年齡和性傾向的人講這類事情。好啦，通常不是在晚上十一點，而且也不太會邊哭邊講。身為感情教練，我的工作不只是幫助人進入感情關係，也是協助人離開不良的關係。

和誰約會好？何時同居？要結婚嗎？關係中的每一步都需要有意識的選擇。某些時候，你可能會和雪梨一樣，在想一個超重要的決定——要繼續交往還是分手。

我也希望能提供一個小測驗和流程圖，讓你神奇地得出結論，但真的沒辦法。這個問題沒那麼簡單，而且每個人情況都不同。我無法掌握所有影響你們關係的因素，像是你認為自己有什麼感受、你實際上有什麼感受、有什麼其它原因造成你不滿，你自己可能也不清楚。但是，我知道有哪些認知因素，使選擇變得更困難。了解這些認知因素，可以幫助你認為下一步該怎麼走。

找我做分手諮詢的人，通常分為兩類。有些人即使關係不良，卻還是待在原地，我稱為「太晚分手」。另一群人則太早放棄，不給關係有成長的機會，就是「太早分手」。當然，你可能處於「糟糕分手行為光譜」的中間（這真的不是正式科學量表，但我認為應該要是才對），這些傾向會受到交往對象、人生際遇和很多因素所影響。

什麼是太早分手

在說雪梨的故事前，我想先介紹麥可。麥可三十六歲，居住於阿布奎基（Albuquerque）。他第一次聯絡我時，說他和女友交往三個月了，女友帶給他快樂，也指出他的缺點，在他被裁員後幫他找到方向。「她非常善良。」他說：「可能是我遇過最善良的人。」

可惜的是，過去幾週以來，他感到一種熟悉的拉力——他想和她分手。「我向來就是這樣。」他解釋道：「我會認識很讚的人，但三個月後，我就開始執著在他們的缺點。然後就……啊！我分手了。」

「現任女友的哪點，讓你不喜歡？」我問道。「我知道這聽起來很自以為是，但我不喜歡她說話的方式，她的用字遣詞和發音經常犯錯。『picture』她會說成『pitcher』，我猜波士頓（Boston）人都這樣。」我個人覺得這是可接受的小毛病，但接下來說話時，我盡量每個字都咬字清楚：「謝謝你分享你的疑慮，你的長期目標是什麼？」「我想結婚生小孩。」

以目前的速度，麥可不太可能會有幸福的家庭生活，因為他三個月就會想分手。但我看得出來他很努力，他承認剛交往就會做好離開的準備，隨時準備閃人。他沒有給對方應有的機會就分手（這無疑會影響他在這段關係裡的行為）。他很早就放棄關係，因為總是在想有沒有其他更好的對象。這種心態聽起來讓人很熟悉，那是因為，麥可絕對是完美派。

「熱戀」和「戀愛」的不同影響

有些太早分手的人，受到完美派心態所驅使，他們太快就離開關係，因為他們相信可以找到更好的對象。

有些人則是出於浪漫派的心態，他們期待感情關係能永遠產生像是初期的那種激情熱戀——怦然心動、掌心冒汗、內心雀躍的感覺。這些人受到轉型規則（transition rule）[1]這項認知偏誤所影響，然後太早終結關係。

行為經濟學家丹尼爾．康納曼和阿莫斯．特沃斯基（Amos Tversky）解釋，我們在評估某件事情在未來會帶我們的感覺時，通常會注重早期的印象。例如，你可能會認為樂透得主從此過著超級幸福快樂的日子，但事實並非如此。如前面說的，經過一年後，樂透得主的幸福指數（或不幸福指數）和非樂透得主相差不遠[2]。

我們在想像樂透得主的心境時，會注重轉型的過程——從平民百姓一躍成為人生勝利組，這是一大改變，但實際上人一旦富貴起來，最後還是會適應新的情境。財富的魅力最後還是會衰減，讓人回到大事件發生之前的感覺。面對逆境也是如此，實驗證明半身癱瘓對人長期幸福的影響，沒大家想得那麼嚴重。

太早分手的人，在感情上犯下同樣的錯誤。由於轉型規則的緣故，他們誤把熱戀當成戀愛，期待整段關係都有一開始的那份激情。但是人會適應，戀愛沒有像熱戀那麼激情。這也是好事！如果大家都像經典卡通人物臭鼬佩佩（Pepé Le Pew）那樣癡情、操著破爛的法語，那還用做事嗎？

太早分手的人還認為熱戀的感覺永遠存在。從熱戀轉型到戀愛時，他們會認為這是感情出問題的跡象。他們恐慌、離開，跑去追求新戀情帶來的激情。

太早分手產生的問題

這種行為造成的問題，不只影響到被甩的那方，太早分手的人低估分手的機會成本，永遠學不會怎樣當個長期伴侶。

假如你去過一百場初次約會，你可能會培養出精湛的初次約會技巧。你可以找到完美舒適的葡萄酒吧，或把上次在尼泊爾（Nepal）背包旅行迷路的故事修得完美無暇。但第五次到第六次約會呢？或第二十五次約會呢？第五十五次呢？你不知道該怎麼做，因為你根本沒有經驗。如果每次都是交往三個月就分手，就失去反覆練習的機會，像是缺乏深入了解對方的經驗、看見愛人的臉龐被生日蠟燭照亮或因父母生病而流滿淚水的經驗。你會對長期關係的感覺抱持錯誤期待，以為第一天和第一千天的感覺是相同的。

太早分手的人該如何改變行為？

那天通電話時，我請麥可閉上眼睛。「想像自己遇到分岔的道路。」我說：「眼前有兩條路。先想像自己踏上第一條，和現任女友分手，找另一位，又分手，就這樣循環下去。這條道路充滿了第一次約會和初吻，隨著年紀增長你一直走下去。有時候會在拉斯維加斯（City of Las Vegas）徹夜狂歡，有時候會上高級餐廳，但沒有妻子也沒有小孩。」

「另一條路不同。你和女友認真交往，盡力維持兩人關係。走上這條路，你會在度假時和雙方家人共進晚餐，會吵架、會打和解炮，接著是婚禮、浪漫旅行、生小孩、擦拭她額頭上的糞便、累到昏倒、生第二胎、繼續擦拭額頭上的糞便，接著就是參加小孩的大學畢業典禮等等。」

練習完畢，麥可一言不發。「你有什麼想法？」我問道。「我要回去想想。」

兩週過去了。下次會談時，麥可先發話：「我覺得上次你想告訴我，我正處在交叉路口，一條路通往爸爸麥可，另一條路通往悲慘麥可。悲慘麥可繼續和女生約會，然後分手，然後一再重複同樣循環，從來沒有學習如何處在關係裡，不可能有養育小孩的機會。我閉上眼睛時，看見悲慘麥可孤身一人，居住在單身公寓，晚上躺在伸縮沙發床上睡覺。」我回：「那你想怎麼做？」，麥可說：「我準備好走上不同的道路。」

麥可決定給這段關係一個機會。往後一年的輔導期間，他改變行為，全心投入和現任女友的關係。我們研發出許多方法，協助他提醒自己女友的優點。每個星期天早上，他會傳訊息給我，報告上一週他欣賞女友的五點。

如果你想維持長期關係，你最後還是要全心投入在某個人身上，試試看這段感情是不是能往下走。麥可有時還是會心癢癢想去找新的東西，但我跟他說這是正常現象。他已經選擇正確的路，往爸爸麥可的目標前進，這一點也不悲慘。

太晚分手產生的問題

太早分手的人，不知道如何維持關係，而太晚分手的人，則不知道如何斬斷關係。晚上十一點打過來哭訴的雪梨就是典型的太晚分手狀況。

「我二十六歲，我們來自俄亥俄州的一個小小城鎮，十六歲就開始交往。」雪梨說道，她和男友馬提歐交往十年了。雪梨覺得她已長大，不適合這段感情了：「我們都很關心對方，但我不再想跟他分享日常生活的瑣事，我們之間沒有話題。他引發出我最不耐煩，最屁孩的一面。」

「你有這種感覺多久了？」我問道。「大概三年，而且愈來愈糟。」她說：「我知道長期關係一定會遇到起伏，但這種感覺已經持續好幾年了，我覺得這是一個重大的轉變，必須面對。」她說出想很久的問題：「我應該聽從這個聲音，和他分手嗎？我是不是會失去美好的事情？我甚至期待發生某種改變，例如公司派我出國任職，而他無法一同前往，逼我們重新評估。」

這時候該做個「衣櫥測試」了。「衣櫥測試」是我在研究分手時發明的一種方法。我問的各種探測問題中，衣櫥測試的效果看起來最好。

告訴你問題之前，我想先請你做出承諾，如果你正在考慮分手，請你盡可能誠實（且快速地）思考自己的答案。我要的是直覺反應。

練習：衣櫥測試

如果現任伴侶是你衣櫥裡的一件衣著，他會是哪一件？

這個問題夠抽象、夠荒唐，能揭露一個人內心真實的感覺。有些人說，他們的伴侶是溫暖的大衣或舒適的毛衣。對我而言，這代表他們認為伴侶是他們的支持；有位女生說，男友是小黑裙，穿上去會覺得有自信、覺得性感；有位男生說，他的女友是他最喜愛的鮮豔長褲，他都穿它參加音樂節，這件長褲當初是女友送的，他很喜歡這件，但若不是女友送的，自己絕對不會去買。

有些人則揭露對關係的不滿，有位男生說，男友是一件羊毛衣，可以保暖，但穿太久會癢。

我問雪梨這個問題。「馬提歐就像是那種破舊的長袖棉衫，雖然你很喜歡這件，但不會穿去重要的場合。」她說：「但穿上去會有一種『啊，這樣就對了，如魚得水』的感覺，但同時又會想『我才不要穿這樣出門』。」哎呀，破舊的長袖棉衫？這表示了一切。對我而言，這代表她已長大，不適合這段關係，不再以這段關係為傲，不想再付出投入。這段關係不再適合她，也不再適合馬提歐。她該脫下那件長袖棉衫，結束關係。

為何有些人太晚分手

在關係裡待太久的人，受到太多認知偏誤所影響。請想像以下情況：你花二〇美元買了一張業餘即興劇的票，你進場觀看，但十分鐘後發現自己不喜歡這場演出，覺得這場即興劇真的很業餘，是那種「好……不了謝謝！」程度的爛。

你可能會想：都付了二十塊錢，應該繼續看下去。於是你把整齣劇看完，花了九十分鐘做自己不喜歡的事情。或者，你也可以選擇離開，出去散散步或約在戲院附近的朋友見面。

兩種情境中，你都花了二十塊錢買票，錢不會回來了。但如果選擇離開劇場，你至少可以拿回自己的時間。行為經濟學家阿莫斯．特沃斯基以前看電影時，如果前五分鐘覺得不喜歡，就會離場。「他們已經拿了我的錢了。」他解釋道：「難不成還要把時間給他們嗎？」

特沃斯基明白沉沒成本謬誤（sunk cost fallacy）[3]，所以盡力避免這狀況。沈沒成本謬誤指的是「既然投入，就要完成」的感覺。這就是為什麼許多人會把爛劇看完，或一直不結束很爛的感情關係，沈沒成本謬誤會把人留在感情關係之中。曾有一位男生打電話給我：「我和女友交往三年了，前六個月很美好，但後兩年半很糟。」我問他既然不快樂，幹嘛還繼續和她交往？他回答：「我花了那麼多時間和她交往，現在退出很不明智。」

我用我認為他能理解的方式，向他解釋沈沒成本謬誤：「你這段關係的前六個月就像《無間警探》（*True Detective*）的第一季，非常美好。但第二季和第三季卻死氣沈沈，你會繼續追下去，等看看第四季如何嗎？還是你會找新的劇來追？」無論如何，他已經和女友交往三年了，他必須決定：是否再交往三年？還是準備好找「新劇」了？

太晚分手的人，也受到損失趨避（loss aversion）的影響。行為經濟學家阿莫斯．特沃斯基和丹尼爾．康納曼在一篇開創性的論文中，指出這種現象的存在[4]。他們說：「損失的痛苦大於獲得的喜悅」。假如你走進一間店，購買五〇〇美元的手機。銷售人員說，現在購買折價一〇〇元。你會覺得很爽吧？現在，請想像另一個情境：你走進店裡，銷售人員說原本有一〇〇元的折價，但優惠活動前天結束。這時你會感到損失的痛苦。

第一個情境中，你獲得一〇〇美元，因為手機的售價從五〇〇降為四〇〇美元。第二個情境中，你損失一〇〇美元，因為你知道錯過優惠活動。兩種情境都是一〇〇美元，你可能會覺得兩者的喜悅和痛苦一樣多。然而，事實不是這樣。記住，損失的痛苦大於獲得的喜悅。由於損失趨避的關係，失去一〇〇美元的痛苦程度，是兩倍的大於獲得一〇〇美元的喜悅程度。換句話說，如果喜悅的強度要等同於損失一〇〇美元的痛苦，那就必須獲得兩〇〇美元。

我們學會調整行為適應這個認知偏誤，盡可能趨避損失。論衣著，我們會繼續穿著現在的你不會想去買的舊T恤；論感情，我們一直不結束糟糕的關係。比起希望得到更喜歡的對象，我們更恐懼失去現有的伴侶。

⋃ 太晚分手會拖累雙方的未來

分手會是一個造成重大後果的重大決策，你可能會想拖延不處理，但沒想到的是，繼續留在關係裡也是一種決定。

分手不是出口匝道，而是T字路口，左邊通往「分手點」，右邊則是「繼續在一起」。無論開向哪邊都是一種決定。

就像太早分手的人一樣，太晚分手的人低估機會成本，他們錯失找到新對象的機會。延續剛才的高速公路比喻，在路口停得愈久，抵達目的地的時間就愈晚。（而且還會浪費汽油！）

但最糟的是，車上不只有你，你的伴侶也在車上。如果你正計劃分手，你每拖延一日，也是在浪費對方的時間。如果對方是位想自己生小孩的女性，你特別該警覺，不要低估她和你交往的機會成本，你愈拖延分手，她尋找新的伴侶成立家庭的時間就愈少，最善良的做法是給她清楚的答案，讓她放下並開始去找新對象。

該留下還是離開？

希望各位現在已了解，自己比較偏向太早分手還是太晚分手，但你可能還是無法決定下一步該怎麼走。下列問題可以協助你，決定到底要終結關係，還是修補關係。請騰出時間，泡一壺茶，拿出筆記本，坐下來思考一下問題。

一、做衣櫥測試：如果現任伴侶是你衣櫥裡的一件衣著，他會是哪一件？

・**詮釋答案：**藉由答案，了解你對伴侶和兩人關係的看法。如上所說，此題很抽象，有助於揭露兩人關係背後的真相。詮釋答案時，必須分析自身心態。大致上來說，答案如果是毛衣、夾克等保暖用的外出服，或是最喜愛的襯衫、褲子或鞋子，那就是好徵兆。答案若是破舊、會讓人癢或不舒服的衣著等不會想穿出門的衣服，就不是好的。

二、思考伴侶的人生，是不是遇到情有可原的狀況？

例如換工作或父母生病，讓他無法滿足你的需求？這些情況結束後，關係能不能回歸正常？

・**詮釋答案：**假設有一個情況，伴侶接到棘手工作，所以把心思放在工作上，比較沒有辦法認真陪伴你、比較沒有耐心，付出的感情也比較少。確實，知道對方怎樣面對壓力是件好事，但記住這些跡象不一定反映他們的人格或之後的行為。伴侶的行為，可能只是暫時的。請回想他們在事情發生以前的為人。你是否能再撐一下，看看事情結束後，伴侶的行為有沒有恢復正常？

三、你有嘗試修補關係並給予回饋嗎？

・**詮釋答案：**如果工作上無預警就被公司開除，那種感覺一定很糟，對吧？這就是為什麼許多公司實施定期績效考核，定期考核會給人進步的機會。雖然前任伴侶無法控告你突然分手的行徑，但我認為這種行為不可取，請給對方改善情況的機會。與其放棄，不如面對挑戰，向伴侶說明你希望看到的改變。（下一章會詳細介紹如何進行這類對話。）

四、你對長期關係的期望是什麼？你的期望很實際嗎？

・**詮釋答案：**首先，記住沒有人是完美的，你也不完美，所以別再刁鑽一些微小的人格缺陷！這些是小毛病而不是交往地雷。別像《歡樂單身派對》（*Seinfeld*）裡的傑瑞（Jerry）一樣，因為女生「有男人手[5]」、對他說「噓」、吃豆子的時候一次只吃一顆[6]，或女生喜歡他不愛的卡其褲電視廣告[7]就和她分手，所以永遠單身。

如果你是浪漫派（忘記的話，請複習第三章），請檢視自己的期望。浪漫派希望就此過著幸福快樂的日子，但感情中難免會出現問題，而問題出現時，他們就會不知所措。他們認為：如果對方是我的靈魂伴侶，事情就不會那麼困難。然而，感情狀況有高低起伏，如果知道會有低潮，那就更能做好準備去面對。

初期的熱戀過後，可能會遇到低潮。關係的前幾年，大腦就像嗑了愛情藥物一樣，但下一個階段就比較稀鬆平常、沒那麼激情，比較像是「我要去超市，要順便幫你買什麼嗎？」而不是「我們在廚房地板上做些什麼吧！」這種轉變可能令人感到失望。有些人可能會找新的伴侶重溫激情歲月。然而，若你的目標是和專一的伴侶建立長期關係，請記住，這個轉變是一定會有的。

五、請反思自己在關係裡的為人

你佔了兩人關係的一半，你有沒有把最好的自己帶到這個關係裡？你有沒有盡全力，維持關係的運作？你能成為更善良、更認真的伴侶嗎？

・**詮釋答案：**別執著在伴侶的缺點，請反觀自身。若你可以變得更體貼，或做出其它改變來維持關係的健康，那就在放棄之前先試試。若你把自己最好的一面帶給其他人（工作和親朋好友），而留下糟糕的一面給伴侶，請回想第一次投入關係時，這段關係是什麼樣子。本書第十八章將介紹如何維持長期關係的健康。

詢問信得過的親朋好友真實看法

如果你還是無法決定，是不是要繼續留在這段關係裡，那就該打電話給朋友了。你可能要坦白詢問。基於禮貌，人即使發現有問題，通常也不會開口評論別人的感情關係。我爸曾說：「我是歡迎委員，不是評審委員。」但親朋好友可能會看見我們的盲點。這是因為我們在交往前兩三年會對伴侶熱戀成痴[8]，無法精準評斷兩人的關係。

我有位女性朋友，在婚禮前幾週宣布取消婚事。取消後，有些人坦承他們對她的前未婚夫有些疑慮，但不敢直接明講。

別落入這種田地，請找信得過的親朋好友，問他們對你這段感情關係的真實看法。請仔細挑選詢問對象，找了解你、也了解你的伴侶、為你著想、善於幫助你思考做選擇的人。避免找那種可能會把他自己問題投射到你情況的人（例如因為伴侶出軌而失去對人的信任）、因為自身因素，而希望你保持單身或交往的人（例如想和你二對二約會或希望你當他的助攻）或因為對你有意思，而無法給出公正回饋的人！

告訴他們，你很不好意思造成他們尷尬，但你需要他們的良心建議。我認識一位名叫梅芮迪絲的女生，她和最要好的朋友一起簽合約，規定寫說，如果他們認為對方的交往對象不適合，會不顧困難直接講出來。

請好好遵守承諾，假如你決定不採納建言，也別因為親朋好友提出的良心建議去責難他們。不要因為他們在你的要求之下誠實說出就懲罰他們！若他們不願意談這件事，也別強迫。

到頭來，選擇什麼操之在你。但和信任的密友討論過後，你學到了什麼？他們是不是證實你的恐懼？是不是建議你堅持下去？許多時候，注意自己對建言的反應，和聽到建言同樣有用。他們分享想法時，你有什麼感覺？感到安心？感到慌張？善用這個經驗，檢查自身對於下一步的感覺。

下一步該怎麼走？

給太早分手的人

如果你已經給了這段關係機會，但仍然行不通，那就離開這段關係。或許對方不適合你，這也沒關係。但你的課題還沒結束，請注意自己太早分手的習性，下次交往時，如果感到有離開的衝動，請再次思考上面的問題，不要因為錯誤的原因而分手。

無論是太早分手還是太晚分手的人，如果你還沒真正給這段關係機會（例如沒有把最好的自己性格帶到關係裡），請留在這段關係裡，有耐心、努力付出後看看會發生什麼事。感情關係一定有高低起伏，關係存在的時間愈長，由於可能碰上關係滿意度下滑的時期，這個時期可能長達數年之久。記住，低潮不是崩潰點（也不是分手點）。

西北大學教授伊萊・芬克爾在著作《非成即敗的婚姻》（*The All-or-Nothing Marriage*，暫譯）中建議，在關係低潮期間要重新調整心中期望[9]。出現低潮有許多原因——可能是養育小孩、照顧年邁的父母或工作壓力大。有些婚姻專家說，關係不順時，應投注更多時間和精力使關係健康運作。但是，這種建議不切實際。人精疲力盡時，已沒有什麼能付出。此時，應該要暫時降低對關係的期待，先處理人生其它部分的問題。

請先把心力放在自己身上。當我們感到自己是完整的人時，才最有能力愛人，愈有自信、愈自在的時候，我們愈能付出、分享。如果可以先讓自己快樂，而不是期待對方給你快樂，感情關係就會更加順利。

情侶治療聽起來很可怕，但可以考慮去做，即使沒結婚也可以參加。有人認為如果關係需要治療，那就代表已經無法挽救了，這是錯誤觀念！請給情侶治療一個機會。關係科學家約翰・高特曼曾說，美國每年有將近一百萬對情侶離婚，但只有不到一〇%的情侶曾尋求專業協助[10]。情侶治療已經過數十年的研究和證實，如果那些離婚的情侶當初接受專業協助，或許許多關係還可以挽救回來。

我之所以願意提供這項建議，是因為親身經歷這些過程。幾年前，我和史考特在紐約的高級餐廳用餐，服務生走到桌邊，送上一籃剛出爐的麵包。我拿走一塊麵包，用刀子挖下一塊海鹽發酵奶油。

「最近工作如何？」我問史考特。當時我們已交往三年，並在舊金山同居一年。我暫時搬去紐約參加為期四個月的TED駐點計劃。他安排這場驚喜晚餐約會，慶祝計劃結束，我很感激他這樣大動作示愛，因為當時我們彼此的感情並不順。

我們的關係從一月起就經歷波折，我的人生發生重大改變，使兩人關係陷入困境。在企業裡工作近十年後，我決定辭去工作，追求新工作帶來的熱情。而且我還從領科技業薪水到沒有收入，從在數千人的辦公室裡上班，變成孤身一人在異地工作。

我們已經歷很多次困難的長時間對話，我表明自己有些地方沒得到滿足（社群、朋友、旅遊）並請他花更多心思在兩人生活中的這些面向上。我們甚至找了一位很爛的情侶治療師，這位治療師喜歡引用自己可笑的臉書貼文，還建議我們兩個神經質一起做極限運動，藉此重新建立關係連結。好笑的是，我們因為討厭他而產生連結。

其中一次困難的對話中，史考特說他在講自己工作的時候，我好像都沒在認真聽。「你覺得我的工作很無聊。」他說：「一點也不無聊。我們在改良乳癌篩檢技術，拯救女性生命。」

他說得對，我從沒去真正了解他的工作。我雖然在科技公司上班，但卻不太懂科技，連單眼相機都不太會操作。有人問我史考特在Google人工智慧部門做什麼樣的工作時，我通常會丟出一些雜亂無章的詞彙，像是「機器學習」、「電腦視覺」、「醫學影像」，直到他們同情地點頭，然後轉入下一個話題。

四個月的遠距離戀愛終於結束，史考特從西岸飛到東岸來聽我的TED演講。演講主題是感情關係，但我知道這很諷刺，我在幫助別人建立長久的愛情，但我自己的感情卻出現問題。

他帶我去高級餐廳慶祝。當下，我終於決定深入了解他的工作。他向我介紹他的工作——就是講解工作內容，說明他們要如何推動放射醫學的發展。我坐在位子上，聽他解釋他在乳房攝影團隊的複雜工作。我替他感到驕傲，心裡卻在想為什麼之前沒有多問他工作的事情。

晚餐前，我花了數小時獨處並和朋友聊聊，思考是否要分手。剛才提到的練習和痛苦，我都經歷過。但那個晚上，我真心反思自身行為，發現我一直請他為了我們的關係而做出改變，但自己卻沒有付出。

「付出」指的是：關心、提問、聆聽。晚餐前，我就是一則古諺語的批評對象：「鞋匠的兒子打赤腳」，我為別人的感情關係提供協助時，卻遺棄了自己的感情經營。

晚餐時，我熱情地與史考特聊天，更熟悉他的工作。我打開心中的門讓他走進來，促成兩人之間最好的對話。那場晚餐是兩人關係的轉捩點。當下，我發現我一直把他視為理所當然，把我自己的工作、電郵和感情輔導客戶放在他之前。

事情並沒有就此變得更順，但情況改善許多。我付出更多、更關心史考特，而史考特也承諾會多認識我的朋友，多花心思在我們的社群，多四處旅遊。我們更加重視並照顧兩人的關係，我們沒有放棄關係，而是修補了關係。

給太晚分手的人

如果你已經給這段關係機會，但還是走不下去，那就離開這段關係。分手對兩人都痛苦，但你必須放下。

為什麼要花那麼多週、好幾個月甚至多年的時間守著走不下去的關係？我相信有美滿的感情等著你，但你得放下這段感情，才能迎接它。

雪梨最終選擇放下。那次通話幾個月後，我邀請她在舊金山見面。我們決定共進全素墨西哥料理。我提早到餐廳，期待能和她親自見面。不久，一位穿著亮黃色雨衣的金髮女性找到我，我伸出手，她拉著我熱情擁抱，對我說謝謝。

後來我們吃玉米片配沙沙醬的時候，她和我聊感情生活的後續發展。「我們通話隔天，我一直在想，我說馬提歐是破舊的長袖棉衫。」她說：「我知道我必須和他分手。」幾週後，她分手了。「脫離這段感情，有點像是脫掉一件壓制我的沈重大衣——或是破舊的長袖棉衫。」我點頭。聽到她做出決定而且不反悔，我感到自豪。

數個月後，雪梨在紐約認識新的男生。他正好是馬提歐的相反——志向遠大，善於待人接物，而且一直挑戰她。不久後，他搬到舊金山和她住一起。那年稍晚，她傳電郵向我說明近況：「我和深愛的人建立美滿又健康的關係，是你幫助我找到勇氣的。」

留下或是離開、結束關係還是修補關係，這些都是困難的選擇。但如果你確定要分手，分手時一定要考量對方的感受。請看下一章，學習怎樣用有同情心的方式分手。

幸福關鍵

一、決定要結束關係或修補關係時，通常分成兩類：「太早分手」和「太晚分手」。

二、太早分手的人，沒有給關係發展的機會就急忙離開。他們把熱戀當成戀愛，希望整段關係都能充滿最初的激情。他們低估了學習維持健康關係的機會成本。

三、太晚分手的人，一直不分手。他們受到沉沒成本謬誤（因為已經投入許多資源做某些事，所以選擇繼續投入資源在這件事上）和損失趨避（由於損失的感覺特別痛苦，所以我們努力避免損失）的影響。太晚分手的人放棄尋找更美滿關係的機會。

四、決定是否要離開時，請想想自己過去的習慣，判斷自己是不是已經給這段關係應有的機會。詢問信得過的人，參考他們的意見。做衣櫥測試：如果現任伴侶是你衣櫥裡的一件衣著，他會是哪一件？

第十五章

勇敢面對不得不結束的關係

——制定傷害最小的分手計劃

剛開始幫人找對象並建立長期關係時，我萬萬沒想到這份工作還包括「分手諮詢」。輔導客戶指定分手計劃，我知道這聽起來很怪，但現在認為，這是我的工作中非常重要的一部分。為了建立夢想中的伴侶關係，人可能要先離開平庸或是很差的關係，我可以提供這方面的協助。

許多人即使決定要分手，但卻一直無法採取行動。他們害怕說出困難的對話、害怕傷害對方、害怕單獨一人。他們的目標是分手，但卻拖延幾個月甚至數年。學者曾費時研究，怎樣是幫人達成目標的最佳方法。雖然聽起來很尷尬，但我們可以參考關於目標設定的研究。

不朝目標前進的原因，通常是缺乏計劃。例如，經濟學家安娜瑪利亞・盧莎蒂（Annamaria Lusardi）的團隊，研究公司要怎樣鼓勵更多員工，建立並維持雇主贊助的儲蓄計劃[1]。他們為新進員工提供規劃手冊，建議他們撥出特定時間參加儲蓄計劃，列出參加計劃的具體步驟，預估每一步驟要花的時間，並提供排解疑難的建議。這份手冊讓參與率從一二％提升至二一％。

本章就是你的分手規劃手冊。我會解釋分手時應採取的每個步驟，說明背後的研究來佐證。請注意：本計劃適用於交往中，但還沒結婚也沒小孩的人士。已婚或有小孩的人分手時，要考慮更多事情，例如安排離婚和子女監護權的事。本書的計劃並沒有處理到這些複雜的事。此外，如果兩人只約會過幾次，也沒必要動用這個計劃，只要傳個短訊感謝對方並表示你沒興趣，或直接打電話跟對方說清楚就行了。（本書第十二章的反對消失式分手補充欄，有教你怎樣回覆的建議。）

第一步：紀錄想分手的原因

動機總是有大有小。史丹佛大學教授兼行為科學家BJ．福格（BJ Fogg）稱之為「動機潮汐」——人的動機有漲潮也有退潮[2]。動機處在高峰時，人可以做出平常做不到的難事，訣竅在要趁這時機採取行動。例如，颶風過境時，你可能就有動機在房屋上加裝防風板。

準備好和對方分手後，可能也會經歷動機高峰，這段高峰可以帶你走過第一階段——真的要分手，但之後這個動機很有可能會衰減，你不禁會想是不是犯下大錯。因此，我想請你在動機高峰時紀錄自己感覺，好在動機退潮時可以鐵下心來。

給自己寫封信，說明選擇分手的原因。幾週後，當你感到慾火焚身或孤獨寂寞時（或更極端一點：「又寂寞又慾火焚身」）或希望出遠門期間有人幫你餵寵物兔子時，你會記得為什麼當初會做出這個困難的選擇。

以下是我的客戶所寫的信：

夜裡躺在他身邊時，我覺得我在欺騙自己。他對我不好。我把他當成最優先處理事項，但他卻把我當成可有可無的選項。他讓我失望，他不在乎我的朋友。我喜歡他，我們一起玩得很開心，但這還不夠。我無法再假裝甘於做他的第五順位，排在工作、健身、游泳、騎自行車之後。我希望有個雙方都能付出的關係。我會想念他，我會想念我們做愛的甜美時光，但我堅信，我值得更好，值得得到更多於他能給的感情。

現在該你了。

練習：紀錄分手的原因

在筆記本上寫一封給自己的信，說明分手的原因。

第二步：制定具體的分手計劃

心理學教授蓋爾．馬修斯研究證明，如果寫下目標、制定行動計劃、並每週向朋友報告執行進度的人，達成目標的機率比沒做這些事情的人高三三%[3]。

雖然過程可能很痛苦又恐怖，但你已經列出決定分手的原因。現在該咬牙採取行動了。下定決心後就別再拖延，本書一再強調最後期限的力量[4]，尤其是緊急的最後期限[5]，分手也是這樣，請幫自己設定分手期限，並確實執行。我建議客戶把最後期限訂在下兩週內。兩週的時間足夠做好準備並搭上動機的浪潮，但沒時間讓你可以退縮。

練習：設定具體的最後期限

我承諾在＿＿＿＿＿＿前向對方提分手這件事。

設定期限後，該制定更具體的計劃[6]，像是思考談分手的時機與地點。聖母大學（University of Notre Dame）學者大衛．尼克爾森（David W. Nickerson）和非營利的社會科學研究組織

Ideas42研究人員陶德．羅傑斯（Tood Rogers）研究證明，訂出行動時間和地點的力量。他們用單一選民的家戶為對象，詢問關於投票計劃的具體問題，例如：「你預計星期二幾點出發前往投票所？」、「你覺得在星期二這天，會從哪裡出發到投票所？」和「出發前往投票所的當下，你原本在做什麼？」研究發現，被問到這些問題的人，投票率比沒被問到這些問題的人高九%。鼓勵人制定計劃會造成很大的影響！

如果制定具體計劃，就更有可能確實進行分手對話，而且更能在這困難的時刻，對伴侶展現同情心。

請挑安靜的地方，最好是自己家或是伴侶家。別在公眾場合分手，我覺得這樣做很不光明磊落，只是想避免對方大吵大鬧。跟你說，對方或許會大吵大鬧，你有權與對方分手，對方也有權展現強烈的情緒反應。

請慎選時機，你正要在對方的人生中引爆炸彈，你知道炸彈馬上要引爆了，但對方並不知情。請別在對方大考、上台報告或求職面試前一天分手。我有一位男性朋友計劃在星期六晚上六點和女友分手，兩人約好當晚七點參加女方姪子的演奏會，這樣做很不公平。分手很有可能會毀掉那晚，毀掉週末，甚至更久，所以請慎選時機。

另一位客戶發現，女友下週一要在重要會議上發表報告，所以他決定不在週末提分手，而是改到下週五晚上，等女友報告結束後再進行對話，讓女友有整個週末可以好好療傷。（下一章會介紹分手後如何療傷，你可以先看看，這讓你能合理考量對方的需求。）

拖延也要有限度。別因為工作高壓、重要會議開不完就拖延幾個月，但也別當渣男渣女。

練習：訂出對話時間與地點

我會在＿＿＿＿＿＿提出分手，因為＿＿＿＿＿＿＿＿＿＿＿＿。

（例：我會在下週五，在她重要會議報告結束後提分手，因為這可以讓她有整個週末可以療傷。）

決定提出分手的時間和地點後，請想想要說些什麼，該如何開口？我建議你強調這個決定是深思熟慮的結果，並表明你想結束這段關係。請展現同情心，但不要拐彎抹角。

你可以說：「我真的很關心你，也不想傷害你，但我認為我們要分手。我們兩人都知道，這段關係出問題已經有一段時間了。我們嘗試修補改善，但現在我覺得，我們沒辦法做出必要的改變。我希望我們都能找到好對象、找到幸福快樂，但我覺得這段關係沒辦法給我們這些。」

另一個開場範例：「我需要跟你談談。我愛你，我喜歡我們相處時的很多地方，但我過得不快樂，我也不知道你快樂嗎？這真的很難開口，因為我不想傷害你。我很感激我們兩人可以共度過去的時光，但仔細思考後，我認為我們不應該繼續在一起。」

你的伴侶一定會受傷，這無可避免。請盡量讓他好過點。但如果對方問：「我哪裡不好嗎？」請不要回答。因為對方只是不適合你，不是本身他有「問題」。就算對方本身有問題，你也沒資格指責，現在的你是偏頗的資訊來源。你才剛說服自己甩掉對方，你可以分享不想繼續在一起的原因，例如兩人互相引發對方焦慮的一面，兩人老是吵架，或其中一方再三請對方改善關係裡的某些問題，但對方拒絕。然而，你沒有權力決定對方的優缺點。如果對方問哪裡出問題，也不要回答。你們在「分手」，不是在「檢討」。如同上一章所說，你應該是在決定分手以前提出問題，並想辦法解決才對。

這有助於保護對方在療傷過程中，避免不必要的痛苦。無論你說什麼都會成為對方分手後的執著點，原因在於所謂的敘事謬誤（narrative fallacy）[7]。我們目睹或經歷某個事件時，大腦會編造因果故事來解釋事件，但有時故事並不能反映事實。大多數的分手是反應各種狀況和互動關係，但如果你在分手時，告訴對方一個特定原因，對方就會執著在你給的原因，請不要在他心中種下沒幫助的種子。

我有位女性客戶的男友，因為「不喜歡她的體味」而和她分手。是的，費洛蒙是真實存在的；沒錯，科學家已證明人類喜歡基因差異大的人的費洛蒙，這可以產生演化上的優勢，使後代的免疫系統更具有基因多樣性，可用來提升後代的生存機率。但女方聽到體味被批評時，心裡才不會想到後代——欸，他們才交往六個月而已。她開始對自己的體味感到焦慮！她更換除臭劑、更換乳液、接受抹片篩檢，甚至還去檢驗腸道細菌！我說她不臭，但她一旦認定體味是造成對方分手的原因，就很難消滅對體味的執著，堅信體位就是分手的主因。

如果對方問你這類問題，請表達你對他的尊重，說明你認為兩人不適合長久關係，所以你不想浪費他的時間。

你可能會想留在對方身邊給予支持，或認為自己有責任回答對方提出的所有問題。但是，兩人長時間討論對這段關係所有的不滿，一點幫助也沒有。不要讓自己有機會說出傷人的話。因此，請為這次談話設定時限。設定一個小時，最多可能一個半小時，然後結束對話。我不是叫你和對方說：「我們有一個小時可以談，就這樣。」也拜託別用碼錶計時。總之，就是別讓對話一直持續下去。告訴對方如果有需要，改天可以再談，如果兩人交往已久，或一旦分手就有複雜的事情必須解決，這些談話可能會持續幾天。

請善用本書的「重要對話規劃單」，用清楚明瞭又有同情心的方式進行對話，可用在任何困難的對話，不只是分手。下方表格是我客戶在分手前寫的，你可以參考。

練習：重要對話規劃單（客戶範例版）

一、這次對話的目標是什麼？（換句話說，怎麼樣算是對話成功？）

兩人都有表達感受。讓她覺得自己的心聲有被聽見，並講清楚我們要分手。

二、我想傳達的核心訊息是什麼？

我深思過了，我真的很關心你，但我認為這段關係不適合我。

三、我打算使用什麼樣的語氣說話？要避免什麼樣的語氣？

平靜、同情體貼、關懷。避免有戒心或冷酷的口氣。

四、我如何開啟對話？

「我相信你不會對這件事感到意外，因為過去幾個月來，我們都說兩人不快樂。我好好想過了。雖然我非常關心你，但我認為這段關係不適合我，我們應該要分手。」

五、列出要傳達的訊息。

「謝謝你在我換工作的時候支持我，謝謝你對我的家人很好，謝謝你帶我認識這世界。」

「我對分手這事舉棋不定有一段時間了。我省思很久，我覺得這段關係不適合我。」

「我們最近常吵架，而我不喜歡這段關係所引發的自己性格。」

「我們曾經嘗試挽救這段關係，而我認為結束關係，對我們兩個都是最好的。」

六、我擔心對方會有什麼反應？

她會問我她錯在哪裡，或說一些難聽的話。

七、如果對方有這些反應，該怎麼辦？

如果她問錯在哪裡：「這和你的行為或人格沒關係，而是兩人相處時所發生的事情。我覺得這段關係，沒有引發我最好的一面。你沒有做錯任何事，我也不希望你怪罪自己。」

如果她對我說難聽的話：「我理解你非常生氣，我知道我傷害了你，所以現在你想傷害我。你絕對有權利生氣，但我不希望痛上加痛。請不要攻擊我。」

八、如何結束對話？

我會重複一些重點，感謝她和我共度過去的時光，問她有沒有需要我傳訊息給她弟弟，請弟弟在我離開後過來關心她。不打分手炮！

你可以請朋友幫助你練習表達想說的話（我經常和客戶角色扮演，模擬分手場景，不過他們覺得「拒絕」我很尷尬），用來調整內容，並確定表達方式盡可能和善又有同理心。練習不一定達到完美，但這樣的事前準備工作，有助於分手當下能挑出適合的措辭。

第三步：與朋友建立社會責任系統

你已經訂出具體期限，想好談話內容，並挑好時間和地點。那要怎樣保證計劃可以執行？為了提升執行計劃的機率，請建立社會責任系統（social accountability system）[8]，請別人督促你，達成你為自己設定的目標。

責任系統的效果很好，因為很多人屬於暢銷書作者格雷琴・魯賓（Gretchen Rubin）所說的

「盡責者」（obliger）[9]。對我們而言，滿足別人的期待很容易，但堅持自己的目標卻很困難。這就是為什麼人經常無法達成自己設定的目標（例如加強運動）但通常可以做到對他人的承諾（例如幫朋友接小孩下學）。若達成的目標有牽涉到朋友，就不僅是實現對自己的承諾，更是實現對朋友的承諾。

找一位信得過的朋友（例如不喜歡你現任伴侶的朋友，可能會特別願意協助你），你要承諾在進行分手對話後，聯絡那位朋友。若導入誘因，可使責任系統更上一層樓。行為科學家喜歡使用正面誘因或負面誘因去改變人的行為。例如，我有位朋友開了一萬美元的支票，給他強烈反對的總統候選人當作選舉捐款。他拜託朋友，如果他沒有在期限內和女友分手，就把支票寄出。於是，當天稍晚，他就和女友分手了。

練習：設計責任系統

我的責任夥伴是：

若我拖過最後分手期限，我就必須要：

（例：我的責任夥伴是家豪。若拖過最後分手期限，我就必須公開貼出自己最後三個色情影片搜尋關鍵字。）

㈣ 第四步：兩人要的是對話，不是做愛！

我們走到最困難的部分：分手。請把準備工作和計劃銘記在心，別忘記限制提出分手的第一天對話時間，如果有需要，可以之後再談。

對話時，請注意雙方的狀態，避免進入氾濫狀態（flooding）。氾濫是一種身心狀態，指的是皮質醇上升，導致身體進入戰鬥或逃跑模式[10]。這種狀態在祖先的生命受到老虎威脅時，有助於保命，但絕對不適合放在重要對話。進入氾濫狀態時，我們無法好好去聽或接收新資訊。如果感覺任何一方進入氾濫狀態，請休息二十分鐘冷靜冷靜。重新回到對話時，心中不要忘記原本的對話目標，請保持和善態度，但立場堅定。你的目標是在對話結束前，確定兩人分手。

分手後，千拜託萬拜託，不要做愛！你也許覺得這件事不需要提醒，但相信我，我聽過太多分手故事，深知有必要耳提面命。分手炮很好玩，但得不償失，分手炮使你的心更亂。若兩人太久沒有性行為，但因為分手造成的強烈情感，造成兩人翻雲覆雨，這影響更是嚴重。和對方做只會讓你很難保持分手的決心，可能導致你收回分手的決定，使分手過程變得更為麻煩。

為了避免犯下這種錯誤，請立下尤利西斯合約（Ulysses Contract）或預先承諾機制（pre-commitment device）。荷馬史詩《奧德賽》（*The Odyssey*）中[11]，尤利西斯船長（Ulysses）知道船員要航行過海妖賽蓮（Sirens）的地盤，他聽說海妖會唱歌誘人，使水手改變航道，觸礁沈沒。尤利西斯沒有依靠自己的意志力，而是制定計劃。他命令部下將他綁在桅杆上，以防他改變航道。他請水手以蠟封耳，杜絕海妖的歌聲。透過預先規劃，尤利西斯保護自己不受誘惑。

行為科學家也會設計尤利西斯合約，幫助人避免誘惑。經濟學家娜娃．阿斯勒夫（Nava Ashraf）的團隊，在一項關於菲律賓（Philippines）地方銀行的研究中測試這方法[12]。有些客戶自願參加限制提款計劃，自行設定限制提款的期限和儲蓄目標。計劃規定在期限內除非達成儲蓄目標，否則不得從儲蓄帳戶提款。其他客戶則沒有受邀參與計劃，可以隨時提款。十二個月後，做出預先承諾的人他們銀行存款多八一%。

分手後，人很容易遭受誘惑。海妖可能慫恿你和前任伴侶上床，請立下尤利西斯合約，在分手對話後安排行程，並建立責任系統督促自己落實。我有位客戶擔心自己分手後會和對方上床，為避免這事成真，他向朋友承諾會在對話後，馬上去機場接他。這項承諾必定無法打破，而他最終也確實做到。

第五步：安排緊接在分手後的行程

分手後就算沒和前任上床，你還是有可能面臨強烈的情緒。你可能會感到解脫，但也可能感到沮喪。無論如何，安排分手後的行程，可以避免做出之後會後悔的決定。

請想想並安排分手後要做什麼事，要去哪裡。不要做太費心力的事情，或許可以去朋友家，叫最喜歡的外賣餐點吃，從頭開始看《黑道家族》（*The Sopranos*）。最好挑一位能分散你的心思或幫你處理情緒的朋友，我建議分手後的前幾晚不要獨處，孤獨感和不安感會讓你有可能復合。補充說明，若你和對方同居，安排分手後的行程非常重要。請問朋友能否借住他家幾天。

練習：安排分手後幾天的行程

分手後，我馬上會去：

分手後的那幾天，我會做這些活動：

（例如：分手後，我馬上去妹妹家。分手後的那幾日，我會做這些活動：看泰國版《命中注定我愛你》、做療癒瑜珈、做很多冰沙。）

第六步：與前任制定分手合約

第一次分手對話後，前任可能會想再跟你談。請同意再談，但牢記前面的第一步到第三步。

雖然幫自己制定計劃很重要，但你也要和前任一起制定。研究證明，人如果主動選擇做某件事，就會對過程更有參與感，對結果更在乎[13]。社會科學家德麗雅．契歐菲（Delia Cioffi）和蘭迪．賈諾爾（Randy Garner）曾證明此效應。他們請大學志工在附近的學校幫忙推動愛滋病教育計劃，並規定一半的學生，必須填寫表格表明意願才能參加，而另一半的學生若想參加，將表格留白就好，若無意願參加，就填寫表格說不參加。研究人員發現兩組學生參加率不相上下，但實際到場率卻有顯著差異。那些把表格留白、被動參加的人只有一七%實際到場。那些填寫表格、主動參加的人反而有四九%履行承諾，高於另一組近三倍。主動同意某件事後，人會覺得這項決定是自己做的，反映自己的喜好和價值觀。因此，和前任一起制定計劃，有助於減輕兩人的痛苦。為此，我提出寫「分手合約」的概念。

什麼？你說分手合約？對，分手合約。我知道這有點怪，但幾年前我讀到契歐菲和賈諾爾的研究和主動投入的力量時非常佩服。我擬定合約幫很多朋友面對困難的分手。之後，全球幾千對情侶使用我的合約，而我已收到數十封電郵說分手合約協助他們處理好分手。（注意！如本章開頭所說，已婚或育有子女之人士的分手更為複雜，分手合約未必適用。）

提出分手合約時可以說：「我知道這聽起來很怪，但我認為如果我們對未來的方向達成共識，這對兩人都有好處。你願意和我一起討論這個嗎？」

兩人不太可能也不一定要對所有事項達成共識，但合約是一個推動困難對話的好方法，同時又能協助兩人思考，接下來該怎麼做才好。

第七步：改變原先習慣，避免反悔分手這件事

分手後，人生可能會出現許多破洞，請努力填補這些破洞。你的手機桌布是不是放兩人一起在公園遛狗的照片？請換成和好友的合照——上次過年時拍的，你看起來被曬黑又開心。過去常和前女友看喜歡的電視劇？改成邀請朋友來家裡或用手機線上一起看。習慣和前男友一起慢跑或做點心？改成問問你媽想不想出門跑步……或去吃燒賣。

或許，現代分手最困難的地方，在於工作上遇到開心的事情或和家人相處不愉快時，再也無法傳訊息和伴侶分享了。《為什麼我們這樣生活，那樣工作？》（*The Power of Habit*）作者查爾斯．杜希格（Charles Duhigg）研究發現有個強大的策略，可以打破原本習慣——就是用新活動取代掉[14]。

為幫助客戶打破傳訊息的原本習慣，並避免反悔分手這件事，我請他們列出實際的困難時刻，寫下如果不聯絡前任的話可以改成找誰，我稱這是「傳訊支援」。

請寫出自己的傳訊支援單。我已提供許多建議，但你也可以自行加列項目。

分手傳訊支援單

情境	聯絡對象
分享工作上的好消息	
分享工作上的壞消息	
安排週間晚上的活動	
安排週末活動	
討論政治	
分享好笑的故事	
想看《我們與惡的距離》（曾經和前任一起追的劇）	

第八步：別當「分手好人」

假如是你想分手，分手後的那段時間還是不好過。你可能會感到懷疑、恐懼或不安，提出分手的那方也是會陷入痛苦的。下一章會介紹分手後如何療傷，但我想在此給提出分手的人一些建議。

分手後，你可能會經歷各種情緒變化，有時是極度的解脫感，有時反而會有極度的後悔感。「我幹嘛這麼做？」或「我會不會孤獨老死啊？」若陷入這種情緒，請使用在分手計劃過程開始時建立的社會責任系統。請那個幫你演練的朋友，提醒你當初為什麼決定分手。

你也可能會有罪惡感，因為你傷害了你在乎的人。即使有罪惡感，也請不要過度關心前任，尤其是分手後的那幾週。我和作家兼哲學家艾倫．狄波頓面談時，他也提出同樣的建議：「『分手好人』是個糟糕的現象。我們經常聽到『分手壞人』的故事，但不常聽到『分手好人』的故事。『分手好人』會持續關心前任，生日時還會打電話等等[15]。」

別當分手好人，這種行為根本才不是為對方好。許多時候，你這樣做只是為了幫助自己而非幫助對方。「你傷害了他們的人生，請鼓起勇氣承擔責任，別去想馬上補救。」狄波頓說：「他們可能會把你當成惡魔好一陣子，請接受這件事。許多人想當好人，但他們的行為讓對方難受。」不要為了讓自己好過點而去當個「好人」。請給對方空間，讓他們放下。

幸福關鍵

一、決定和對方分手後，請開始制定計劃。思考要講的話，決定對話的時間和地點。態度和善，但立場堅定。
二、善用責任系統和誘因的方式，督促自己落實計劃。
三、和伴侶一起制定分手後的計劃，考量伴侶的需求。別打分手炮！
四、幫自己制定分手後的計劃，像是若你想聯絡前任時，要改成找誰聊聊。
五、分手後，請給對方空間。別當分手好人。這種行為只是讓自己好過，但讓對方很難放下。

第十六章

挺過分手後的心碎時刻

——轉化分手陰霾的四大捷徑

假如你是腫瘤科醫師，接到一名肺癌病患，必須決定治療方式。要動手術，還是放射治療？長期來看，手術的存活率較高，但短期來看，風險較大——病患有可能在手術中死亡。你參考研究，查看短期存活率：動手術九〇％，放射治療一〇〇％。你會選哪個？假如你讀到的是短期死亡率——動手術一〇％，放射治療〇％，你又會怎麼選？

醫療照護學者芭芭拉．麥克尼爾（Barbara McNeil）曾在研究中，請醫師做這項假設性的選擇[1]。其中一組醫師看到的是存活率，另一組醫師看到的則是死亡率。這項研究現在聞名於世。

研究結果可能令人驚恐——同樣的資訊用不同方式呈現，竟能導致天差地別的決定。手術以存活率呈現時，八四％的醫師選擇手術；手術以死亡率呈現時，只有一半的醫師選擇手術。

原因為何？醫師的選擇，會因為預測呈現方式的差異而有所不同[2]。框架效應（framing

effect）指的是人對事情的評估，經常受到事情的呈現框架所影響。無論是外科醫師評估風險，還是因為分手而心碎的人，要思考怎麼放下。

我認為呈現框架正是分手後可以釋懷的關鍵，改變呈現框架也可以加速恢復過程。例如，你能夠專心從事那些原本很喜歡，但因為伴侶不在乎而無法從事的活動。這件事下一章再說明。重點在於，與其把分手當成慘痛的損失，不如把分手當成一種「獲得」，一種給你權力，讓你改善長遠人生的機會。

先別追《BJ單身日記》（*Bridget Jones's Diary*）了，快戴上玫瑰色的墨鏡，把這場自怨自艾的派對，變成歡樂慶祝的盛會。我會介紹四種重新框架（reframe，使用全新角度詮釋，改變個體對問題的意義）分手的方式，使你了解、從心碎中恢復，而這關鍵就是改變看待事情的觀點。

大腦和身體會遇到的反應

介紹重新框架的方法前，我想先說明當人經歷分手時，大腦和身體的反應。關係科學家克勞迪雅．布倫波（Claudia Brumbaugh）和克里斯．佛萊利（R. Chris Fraley）把「分手」當成所謂的「關係終止」（relationship dissolution）是「人生中最痛苦的經歷」[3]。

我有提過，生物人類學家海倫・費雪曾研究戀愛中的大腦。她最喜歡使用功能性磁振造影（fMRI）技術掃瞄大腦，窺探我們的心思想法。她邀請處在關係不同階段的人去進行大腦掃描，有剛在一起的情侶、幾十年後仍表示深深愛著對方的人、正經歷分手的人。

費雪的團隊發現，我們看見愛人照片時，大腦的伏隔核（nucleus accumbens）會活化[4]。毒癮者想像吸毒時，也會活化同樣的區域。分手時，這塊區域會受到影響，大腦在分手時經歷的過程和毒品戒斷相同。難怪我們會想念前任給我們的快感。接受現實吧！你對愛情成癮[5]。

分手會殘害我們的身體、情感與行為，再加上一瓢寂寞和一匙痛苦。費雪說，研究發現分手會增加皮質醇（壓力荷爾蒙），而皮質醇會抑制免疫系統，削弱應對機制[6]。分手後，人可能會經歷失眠、闖入型意念（intrusive thought）、憂鬱、憤怒和大傷心神的焦慮感[7]。驚人的是，經歷分手的人，智力測驗分數較低，從事需要推理或邏輯的複雜工作時，表現較差[8]。研究甚至發現，經歷分手的人，毒品施用率和犯罪率較高[9]。提出分手的那方，也經歷同樣的情況〔研究人員稱之為「發起者」（initiator）[10]〕。

我曾輔導許多客戶度過分手階段。分手會這麼痛苦，是因為我們的大腦對自己的損失非常敏感[11]，而分手正是慘痛的損失。分手會扼殺你對和伴侶要怎麼建立共同未來的想像，你在哀悼曾經的回憶，痛苦且不再存在的現實，惆悵扼腕不可能發生的將來。難怪我們會出於損失趨避的心態而努力避免分手。

但有個好消息！心理學家伊萊．芬克爾和保羅．伊斯威克研究發現「分手沒有大家想的那麼糟」[12]，無論情侶交往時多幸福，分手的痛苦很少像預想中那麼劇烈[13]。

蒙莫斯大學（Monmouth University）心理系前系主任蓋瑞．李凡多夫斯基（Gary Lewandowski）教授研究發現，我們比想像中還要堅強[14]。他研究的對象在你眼裡，可能是最悲慘的分手族群，有長期交往許多年的、幾個月前分手而且到現在還沒找到新對象的人。我們直覺認為，這群人會把分手當成糟糕的體驗。然而，李凡多夫斯基和同事與此族群面談後發現，只有三分之一的人負面看待分手，約二五%中性看待，而有四一%的人正面看待。

所以請讓我老生常談一下，這一切都會過去。你現在的感覺是暫時的。奇怪的身體反應（再會了，免疫系統和睡眠！）也會結束。你將平安度過這恐怖的階段。

重新框架的方法一：思考這次分手的正面之處

雖然無法靠想像來讓痛苦消失，但可以靠書寫來減少痛苦。記住，大腦是你的朋友，大腦善於幫助你把事情合理化、把事情放下。該滋養你的大腦了！加速療傷進程的方法，就是滿足大腦的渴望——分手其實是正面發展的理由。

李凡多夫斯基曾設計一項實驗[15]，請受試者分別寫出分手的正面之處（分手為什麼是好的）、分手的負面之處（分手為什麼是不好的）和無關分手的膚淺論述。受試者連續三天，每天用十五到三十分鐘書寫。研究結果發現，寫下分手是正面影響的人，比實驗剛開始感到更快樂、更有智慧、更心存感激、更有自信、更自在、更有掌控力、更有活力、更樂觀、更解脫、更滿足。

客戶經歷分手時，我給他們同樣的功課。下面內容是靜靜在分手後，透過電郵傳給我的清單。靜靜就是我那位三十一歲才開始約會的客戶。

這次分手的好處：

- 不用擔心搬到蒙大拿州（Montana）後，可能會住在前任的家人附近
- 睡覺時不用再搶被子
- 有更多時間和朋友相處，因為前任不在乎我的朋友
- 搬離前任的公寓，通勤時間縮短
- 出門上班時，衣服不再有狗毛
- 勞動節那週末，不用參加那場別人昂貴的婚禮
- 有更多時間搞音樂
- 和哥哥相處時不用再找理由，因為前任討厭我哥哥

・不用再假裝喜歡《鑽石求千金》（*The Bachelor*）
・有機會找到快樂／健康的關係

練習：寫下這次分手的正面之處

請把憂傷轉成宣言，就像青少年時期嘗試寫饒舌歌曲一樣，只是你不會在地方舉辦的樂團大競技裡強迫八十個人來聽。帶上空白筆記本，找個咖啡廳或公園長椅。用手機計時三十分鐘，中間不要暫停，也不要看手機。寫下分手帶來的正面影響，如果想不到或難以下筆，可以試試用條列的。

這次分手的十大好處：

重新框架的方法二：思考那段關係的負面之處

好吧，你可能還沒準備好「正面思考」，但還有另一個方法。臨床心理學家珊卓・朗斯拉格（Sandra Langeslag）和蜜雪兒・桑切斯（Michelle Sanchez）曾設計一項類似之前提到的實驗[16]，把正經歷分手的受試者分成三組，分別從事以下三件事情：思考那段關係的負面之處、閱讀一篇在講分手後會經歷強烈情感是很正常的文章、做完全不相干的事——例如吃東西。他們發現，思考那段關係負面元素的人，後來對前任的癡情程度低於其它兩組。

練習：寫下那段關係的負面之處

從黑暗中尋找光明，寫下那段感情的負面之處。

例如：前女友因為你以為「每日例湯」是一種湯，而在你朋友面前取笑你；或是前男友沒送你去機場，讓你超失望；晚餐時你一直暗示前男友，問他和你妹的通話如何，但他卻一直不上鉤，給你一種不祥感；前女友喝得酩酊大醉，嘔吐滿地，說前任比你有趣多了。光是記住這些就累死我了，況且這還是你的經驗。

連續三個晚上花三十分鐘寫，寫下那段感情的負面元素，列出伴侶討厭的地方、兩人關係不再這麼好的地方，或你為了那段關係而放棄的自我。

◡重新框架的方法三：重新發現自我

芬克爾和同事的分手研究也發現，分手可能產生自我認同危機，因為人有很大一部分的自我會和那段關係綁在一起[17]。你可能會執著在那段關係之中的你——想著自己屬於那活躍的二人組，是完美的婚禮伴侶。這種想法情有可原，但算是損失導向觀點。請專注在分手能帶來的收穫——恢復單身後找回的自我。

關係學者發現這方法特別有效。李凡多夫斯基曾在實驗中，把正經歷分手的受試者分成兩組[18]，請其中一組持續兩星期從事例行活動——受試者原本就喜歡的事情，例如看電影、上健身房或和朋友相聚，請另一組從事「重新發現自我」的活動——因為前任不喜歡所以自己才放棄的活動，例如上飛輪課程或去爵士酒吧。

李凡多夫斯基發現，兩種介入策略都有效。例行活動可防止受試者待在家狂滑前任的照片，或吞下一桶桶的起司通心粉（我最喜歡的解藥）。然而，重新發現自我的效果更好，從事這類活動的受試者，重新找到因為那段感情而失去的自我。李凡多夫斯基解釋道：「對這些人而言，這就像新的黎明一樣。」他們的幸福感較高，寂寞感較低，自我接受度較高。

練習：重新發現自我

請回想：你是不是因為前任不感興趣，所以放棄某些活動？前女友是不是討厭去海邊，而且聽到現場音樂就皺眉？（怎麼會有這種怪物？）現在，你可以自行從事這些活動，藉此重新發現自己。

出門吧！挖出那副拳擊手套，買新的水彩顏料，打電話給那位前任不喜歡的大學老友。探索你原本的自我，那個你有可能再度成為的人。如果你可以接受靈性一點的東西，我推薦茱莉亞．卡麥隆（Julia Cameron）的《創作，是心靈療癒的旅程》（*The Artist's Way*）。這本書就算不是創作家也可以讀看看，書中充滿了重新連結自我（和內心的創意靈魂）的主意和想法。

列出三項本月要做的「重新發現自我」活動：

繼續釣魚

有些人會對我擠眉弄眼，說：「所以是真的嗎？可以放下某人的最佳方法，就是去找新的人嗎？」首先，別對我擠眉弄眼。其次，看情況。

不是每個人分手後都需要好幾個月療傷，尤其是提分手的那方。哥倫比亞大學教授兼社會學家戴安．沃漢（Diane Vaughan）曾在著作《當我們不在一起》（*Uncoupling*，暫譯）中深入研究分手[19]，發現我們對一段感情的哀痛有特定的過程。提出分手的那方，可能在分手前就經歷負面情感，而且可能持續一年以上，所以他們在實際分手時，不需要那麼多時間療傷。如果分手後沒預想的那麼難過，請別擔心，不是你無情，你只是交往時已先感到難過，而現在已經準備好放下了。

被分手的那方的過程，很可能從關係結束的當下才開始，所以療傷時間比較長是正常的。

那反彈式關係（rebound relationship）呢？心理學家克勞迪雅．布倫波和克里斯．佛萊利研究發現，「立即展開反彈式關係的人，不一定比等一段時間才找到伴的人過得差。其實，他們在某些面向上，看起來更為健康[20]。」作者解釋，等一段時間再交往的人，常常有自尊貶損的現象，而立即進入一段新感情的人，通常不會遭受自信心方面的打擊。無縫接軌的人獨處時間比較少，質疑自己價值的時間也少。

怎麼知道自己準備好再次約會了？知道自己準備好，再次約會的唯一方法就是實際去約會一次。如果約會完但是潸然淚下，代表你可能還需要一點時間。如果你玩得開心，即使只有一點點開心也好，代表你可能準備好再出發了，那就一步一步來吧。

重新框架的方法四：把分手當作學到教訓、改善未來選擇的機會

這聽起來很困難，但請把分手當作學習機會[21]。心理學家泰．田代和派翠西亞．佛雷齊耶（Patricia Frazier）發現，人分手後常常沒有把握個人成長的機會。許多人學「泰山」（*Tarzan*，指從一段感情盪入下一段感情），但卻沒有思考從上一任伴侶學到什麼，並根據學到的去挑未來的約會對象。請以此為鑑。

如果你挑選的伴侶，總是因為同一個理由而不和，這方法就特別重要。我有些客戶總是找同一類型的人當伴侶。

例如，有位客戶總是追求年紀較小的男生，這些男生人很好，很風趣，但最後都拒絕投入感情。她總是尋找短期伴侶而不是人生伴侶，她上次分手剛遇到新冠病毒疫情，所以正好有時間停下來反思以前的習性。透過每週遠距會談，她學習如何辨認自己的行為模式。她發現她的行為，正是尋找對象的障礙。雖然過去幾年有遇過許多好對象，但她總是自己搞破壞，跑去追求無法付

出情感的年輕男生，用來避免進入真正的感情，承受受傷的風險。她決定做出改變去打破這種習慣。她調整挑對象的標準，認清短期伴侶的跡象。她開始接受同齡或年長的男性，和許多適合的追求者視訊聊天，然後和最喜歡的那位散步約會。維持有點社交距離的相處持續一段時間後，兩人決定嘗試一起隔離，和不太認識的人住一起，對她而言是個完全脫離舒適圈的改變，但既然整個世界已被搞得天翻地覆，所以她決定嘗試新的事情。兩人目前還是快樂同住，而且計劃開車旅行，見見雙方的家人。

練習：思考未來交往時要做什麼改變

放下之前感情的一大關鍵，是釐清上一段關係中做的選擇，想清楚你在下一段關係中，要做出什麼改變。請花時間回答以下問題，把答案寫在日誌裡或和朋友討論：

一、上一段關係裡，你是什麼樣的人？（你是決定兩人步調的那方，帶領伴侶跟你前進，還是被伴侶拉著走的那方？是你輔導伴侶，還是伴侶輔導你？你是很容易就投入感情的人，還是難以安頓的那方？）

二、下一段關係裡，你想成為什麼樣的人？

三、對於長期關係中真正重要的事，你學到了什麼？

四、未來尋找伴侶時，你會注重哪些上一次沒有注重的特質？

這種重新框架的關鍵，在於體悟到「失中亦有得」。心理學界稱此為「創造意義」（meaning-making），也就是人類理解人生遭遇、感情關係或自我的過程。奧地利（Austria）神經科和精神科醫師維克多．弗蘭克（Viktcr Frankl）在巨作《活出意義來》（*Man's Search for Meaning*）中解釋道，意義創造讓人將痛苦轉為成長：「一旦找到意義，痛苦就不再是痛苦[22]。」你該嘗試「不要把分手當作為失敗」，而是當作改善未來選擇的機會。脫離「時間一過，無傷不癒」的心態，改用「找到意義，無傷不癒」的思維。

練習：探索分手的深層意義

花一些時間回答以下問題：

一、你從這段關係中學到什麼？

二、你從這次分手學到什麼？

三、「現在的你」和「這段關係之前的你」有什麼不同？

四、經歷此事後，你在人生中會做出什麼樣的改變？

與其崩潰，不如敞開心胸面對，搞不好你會找到更健全、更美好的對象。蓋瑞．李凡多夫斯基（Gary Lewandowski）曾在TEDx演講上解釋何謂金繼（Kintsugi，又名金繕修復）的概念[23]。金繼來自日本，指的是運用金銀等貴金屬修繕破損陶器的藝術。修繕過後的陶器，往往比受損前更美。

李凡多夫斯基鼓勵我們，把心碎當成修身養性的機會：「金繼也是一種哲學觀，把損傷和修補當成一種機會，一種可以善加利用的機會，不用隱藏，對吧？感情正是如此。確實，你的感情經歷可能會給你留下一些裂痕，但這些裂痕，這些瑕疵乃是力量和美的泉源。」

你或許無法選擇感情關係的際遇，但你可以選擇（某種程度上）這段關係帶給你的感受，以及未來的走向。

幸福關鍵

一、我們受到框架效應影響，常常受到事情的呈現方式而改變對感情的評估。分手後，你可以調整這件事的呈現框架，不要將分手當作損失，而是把分手看作成長和學習的機會，藉此加快療癒的過程。

二、分手會傷害身心健康，但我們比想像中的更堅強。分手產生的感覺只是暫時的。

三、寫日誌有助於療傷。寫下分手後帶給你的正面之處、那段關係的負面之處，用來推動自己前進。

四、分手常常會傷害自我認同感，但你可以去做「重新發現自我」的活動，重新找到自我認同——做那些原本很喜歡，但在交往時放棄的活動。

五、你從經驗中成長，把重點放在你學到的和未來會做出的改變。脫離「時間一過，無傷不癒」的心態，採納「找到意義，無傷不癒」的思維。

第十七章

走上紅毯前的準備

——必須盤點各種課題

「請在週三前，完成這三張練習單。」我說道，但這次不是對客戶說。

我把好幾張寫滿問題的紙拿給史考特，研究他的人生、家人和我們兩人的關係。他埋怨了一聲，我不怪他，當我男友就是這樣。我們已交往四年，所以他習慣當我的白老鼠，讓我用他來測試感情練習活動，測試完再推薦給客戶。

我們考慮要不要結婚有段時間了，這次的回家功課目標在促進兩人討論婚姻的事。我們的關係已經經過許多重大決策點：我們在交往嗎？要同居嗎？要分手嗎？然而，我們現在面對新的嚇人問題：我們要許諾終生嗎？這種生活會怎樣？我深愛他，但因為我了解關係科學，所以我知道我們面對什麼樣的挑戰——許多婚姻無法長久。

這感覺是目前人生中最為重大的選擇。後來發現，我們當初如此謹慎決定是對的，婚姻的影響層面遠比你想得廣泛[1]。記者瑪姬．加拉赫（Maggie Gallagher）和社會學家琳達．偉特（Linda

J. Waite）在著作《結婚這事》（*The case for Marriage*，暫譯）中寫道，他們發現婚姻的幸福和滿意程度，對人的幸福快樂、身心健康、預期壽命、經濟狀況和子女福祉有巨大影響。

我覺得我和史考特需要婚前訓練，所以我自行設計了訓練營，取名為「是時候了：過去、現在、未來」（我也認真考慮過取名為「是時候了：把戒指給我戴上！」）此訓練營目標是幫助你們思考兩人的過去、現在和未來。幸好史考特躍躍欲試，訓練過程讓我們受益良多，所以我開始推薦給客戶與朋友，現在也推薦給你。

你可能心想：我不在乎要不要結婚，婚姻是個愚蠢的制度，我不需要政府和教會指導我的人生。如果你這樣想，那也沒關係，但你既然在看本書，那就代表你想尋找長期伴侶。本章的主題是「婚姻」，但如果你不打算結婚，寧可建立「長期的堅定關係」（或想打破戴戒指的傳統，把對方的臉刺青在身上），這也是閱讀本章的好方法。

我們深愛著對方：難道這樣不夠嗎？

記住，愛情是一種毒品。蕭伯納（George Bernard Shaw）在劇作《結婚》（*Getting Married*）裡這樣描述愛情：「兩人受到最暴力、最瘋狂、最妄想、最短暫的情感所影響時，發誓他們會終身保持這種激情、異常又累人的狀態，至死方休[2]。」交往前幾年，大腦受到愛情毒品的影響，幾乎不可能理性評估這段伴侶關係[3]。

交往久一點再結婚的情侶，婚姻長久的機率較高，某部分原因是兩人走上紅毯時，蜜月期的快感早已退去。他們說「我願意」的時候，頭腦比較清楚。交往一到兩年再結婚的情侶，離婚率比交往不到一年就結婚的情侶低二〇％[4]。交往三年以上才訂婚的情侶，離婚率比交往不到一年就結婚的情侶低三九％[5]。

關鍵不只是交往時間，還有結婚年齡。年長一點再結婚可能也有好處。社會學家菲利浦・柯亨（Philip Cohen）等學者認為，一九八〇年代起，離婚率下降的原因是結婚年齡後推[6]。想到我有位名叫南希的古怪親戚，她這樣規定子女：「三十歲前不准結婚！」

即使交往好幾年，愛情的感覺仍可能模糊你的焦點。我訪談過許多離婚律師（這嗜好向史考特解釋起來，會有點尷尬），有些律師說情侶在考量婚事時，經常犯下同樣的重大錯誤。情侶深深愛著對方，所以也假定對方的目標與自己相同。於是，他們沒有認真、坦白討論人生中的重大選擇，例如要住哪裡或是不是要生小孩。

撰寫《至死方休》（*Til Faith Do Us Part*）的記者娜歐蜜・席弗・萊利（Naomi Schaefer Riley）發現：「不可思議的是，調查中的跨信仰情侶，曾在婚前討論子女的宗教信仰的人，不到一半[7]。」許多情侶結婚後，才發現基本價值觀不合，這時就輪到離婚律師出場了。

其實，這種樂觀的假設，會認為伴侶的目標和自己相同非常合乎人之常情。錯誤共識效應

（false consensus effect）讓我們誤入歧途[8]，認為多數人認同我們自己的價值、觀念和行為。假設一個人很有環境意識，努力少吃肉、少用化石燃料，少買塑膠製品，而當地正舉行關於塑膠袋禁令的公投案，這個人可能預期塑膠袋禁令會輕易通過，因為他假定其他人也和他一樣具有環保意識。交往時，我們也會誤以為伴侶的世界觀和我們相同，因此追求相同的目標，例如要生多少小孩、要住在哪裡，或要如何花錢、如何存錢。戀愛的毒品加上假共識效應，使許多情侶忽略重要的婚前對話。所以說，不夠！光是深愛對方還不夠。思考要不要結婚時，應採取批判性思考。

第一部分：自己

練習：回答關於自己的問題

思考自己的伴侶身分前，請先考量自己的個人目標和個人需求。安排獨處的時間。我建議騰出週末的早上，一人帶著筆記本去一間咖啡廳，坐下來思考以下問題。

一、我的伴侶比較像短期伴侶還是人生伴侶？換句話說，他會和我長久交往，還是短暫玩玩？

二、衣櫥測試：如果現任伴侶是我衣櫥裡的一件衣著，他會是哪一件？
三、這個人會和我一起成長嗎？
四、我是不是欣賞這個人呢？
五、這個人會引發出我的什麼性格？
六、我會不會想和這個人分享好消息？
七、辛苦工作一天後，我會不會想和伴侶分享工作上的事？
八、我會重視伴侶提出的建議嗎？
九、我期待與此人共同建立未來嗎？我能不能想像，和這個人一起走過人生的重大里程碑，例如買房子或建立家庭？
十、這個人能不能和我一起面對困難的選擇？如果我遭遇重大變故，例如失去工作或失去孩子時，這個人適不適合陪在我身邊，共同思考「要不要搬家？」或「怎樣在哀痛的同時，照顧好其他子女？」等困難問題？
十一、我們能不能有效溝通、有效爭吵？

請閱讀自己的答案，但不要當作在評估自己的情況。請假設自己在讀好友的答案，評估他的關係。重點在盡可能誠實面對。給自己一點距離，想像自己在幫助朋友，就可以看得更清楚。

如果這位是你的好友，你非常在乎他，希望他過得好，你會給什麼建議呢？你支持他結婚嗎？你有什麼疑慮？他們還有沒有尚未回答的問題，必須在結婚前面對？

請體驗回顧答案時產生的感覺，在此刻決定要加油門還是踩煞車。若你判斷這段感情現在適合你，請往下閱讀第二部分。若你不確定適不適合，建議你重讀第十四章，思考該終結關係或修補關係。若你覺得還沒準備好結婚，這也不是壞事，你可能只是需要更多時間探索這段感情，才能做好進入下一階段準備，這種重大決定沒有必要急忙做出。記住，交往三年才結婚的情侶，比交往不到一年就結婚的情侶離婚率低三九%。

第二部分：兩人的關係

如果第一部分順利，而且你決定繼續往下走，那就和伴侶一起討論。這是一系列的正經對話，請騰出三個晚上到一個月的時間，別全部塞在一個晚上！

談話時，請保持好奇心，探索伴侶的目標，思考這些目標有沒有和你的相符。記得，這樣做是為了避免假共識效應。

練習：回答有關兩人關係的問題

這個練習有三組談話，請一個晚上進行一組。我建議先和伴侶一起從事某種活動，用來建立連結感。心理治療師艾絲特．沛瑞爾發現，我們欣賞伴侶的個人才華時，對伴侶的愛意特別濃厚[9]。你可以互相教對方一個新技能，用來提升愛意。如果其中一人是烹飪高手，何不教對方做一道新的菜餚？對話氛圍要浪漫，畢竟你們要討論結婚的事情，世上最浪漫的事莫過於這個吧？請安排環境，穿著適當。請拿出收藏的葡萄酒，準備山姆．庫克（Sam Cook）的曲子，依偎著伴侶，問他以下問題。

對話一：過去

- 嘗試列出三項你覺得哪些過往事件定義了你這個人？
- 你覺得你的童年經驗怎樣影響你現在的為人？
- 你的父母以前會吵架嗎？你對感情關係裡的爭執有什麼恐懼？
- 你的原生家庭是不是有某些傳統，讓你想帶到我們的家庭裡？
- 小時候，你的原生家庭會如何討論性愛（或是缺乏討論）？
- 在你的原生家庭裡，金錢代表什麼？

- 你的原生家庭是不是有某些包袱，讓你想留在過去？

對話二：現在

- 遇到事情時，你可以放心和我討論嗎？
- 你覺得我們現在的溝通模式，有沒有需要改善的地方？
- 在這段關係裡，你覺得你可以做自己嗎？原因是什麼？
- 你覺得我們的關係中，有什麼需要改變的地方？
- 你覺得你處理爭執的能力如何？
- 你最喜歡我們兩人做的什麼儀式？
- 你希望我們兩人能多做些什麼事？
- 你覺得我對你親朋好友的了解程度有多少？你會希望我多認識你身邊的某個人（家人、朋友、同事）嗎？
- 你理想的性愛頻率為何？我們的性生活如何變得更好？我有哪裡需要改善？你有沒有一直想要嘗試，但卻害怕說出來的事情？
- 你多久會想一次有關錢的事？
- 坦白討論兩人的財務狀況吧。你有學貸嗎？卡債？你會幫我一起償還債務嗎？
- 買車的預算上限是多少？沙發呢？一雙鞋呢？

對話三：未來

- 你未來想住哪裡？
- 你想養小孩嗎？如果想的話，要生多少個？何時生小孩？如果我們不孕，還可以考慮哪些方式？領養？代理孕母？
- 你覺得要如何分工照顧孩子和家事？
- 你想多久一次與家人見面？
- 你希望宗教信仰在我們生活裡扮演什麼角色？
- 你想討論婚前協議嗎？你對這個有什麼恐懼？
- 你希望未來財務怎樣分配？
- 你覺得你會一直工作嗎？如果我們其中一方想休息一段時間，會發生什麼事？
- 如果我想買高價的東西，在什麼情況下必須先找你討論？（例如，我可以自行決定購買的金額上限是多少？）
- 你的長期財務目標是什麼？
- 你對未來最期待的是什麼？
- 你對未來有什麼夢想？我可以如何幫你一起實現這個夢想？

你可能擔心這些對話會尷尬或難為情，史考特和我原本也擔心，但實際對話時，我們分享了童年時期封塵已久的記憶。念中學時，鄰居的父母送小孩十顆MAC珠光眼影當作情人節禮物，讓我崩潰大哭，因為MAC眼影是六年級學童的勞力士（奇怪，怎麼會有父母送小孩情人節禮物？）。史考特則告訴我，他媽媽拒絕買九〇年代晚期中學生的尖端時尚——JNCO牛仔褲給他的好笑故事。我還去網路上搜尋這些牛仔褲的照片，實在有夠恐怖。他媽媽不買是對的。

對談時，我發現史考特想生一個小孩，但我想生兩個。他是獨子，我則有個姊姊。我們兩人似乎都想重建小時候的家庭互動模式，我們的約會轉變成爭論，兩人都說自己的童年比較好。史考特認為地球人口過剩，生第二胎有道德疑慮。我則主張和兄弟姊妹一起成長相當是一萬小時的情商訓練。雖然我們兩人對這看法分歧，但我很高興找到不同之處，我們判斷這種分歧並非交往地雷，因為兩人雖然偏好不同，但都願意妥協。我們計劃先生一個小孩，然後看看之後的感覺。

對話結束後，我認為這段感情不只適合現在，更是適合未來。我欣賞史考特的生活紀律——他每天健身、烹飪健康的全素餐、熬夜為程式抓錯。我喜歡兩人用傻傻的聲音說話，也喜歡只屬於我們兩人的哏。我對兩人的團隊合作有信心，我們知道如何妥協，如何輪流順著對方的意思做事。做衣櫥測試時，我想像史考特是我最喜歡的紅格連身睡衣，讓我感到安全、溫暖、支持，就好像把擁抱穿在身上一樣。

完成對話約六個月後，史考特邀我參加共同朋友大衛的魔術秀。大衛是個才華洋溢的心靈魔術師，面對完全不認識的人，可以猜到他們小時候寵物的名字，或是曾經去哪個名不見經傳的地方度假。他每週三晚上都在舊金山知名酒吧PianoFight後方的劇場表演。

那晚大衛表演結束時，全場觀眾起立鼓掌。鼓掌後，大衛說：「我還有一招。」表演開始時，觀眾在空白的撲克牌上寫下名字和一個字詞。大衛請一位自願者抽出一張牌，然後聽見他喊我的名字，於是我走上台。接著，大衛請我隨機抽出另一張牌。神奇的是，我抽到史考特的牌。史考特走下階梯，和我一起坐在舞台上。

燈光照得我們看不清台下的五十位觀眾，大衛向觀眾徵求手機，打開計算機，請觀眾提供數字，用計算機把數字乘起來，最終得到的數字是：452015。大衛問我這個數字對我而言有何意義，我說我並不認得這數字。

接下來，他畫兩條斜線把數字區隔開來，變成4 / 5 / 2015。他問：「這是你生日？還是史考特生日？」都不是，這是我們的週年紀念日。接著，大衛把寫有觀眾名和字詞的牌堆拿給我，請我分成五堆，接著請史考特把每堆的第一張牌翻開，一次翻一張，同時請我把牌上的訊息寫在大型畫板上。

「你……」史考特翻開第一張牌，我把上面的字寫在畫板上。

「是否……願意做……我的……」我以手遮臉，等待他翻開最後一張牌。

「妻子？」

史考特從椅子上站起來，從口袋裡拿出戒指，單膝跪下。我點頭，拿起戒指，拉他起來擁抱。全場觀眾歡呼如雷，大衛請我們走出劇場，進入酒吧。酒吧裡有三十位朋友迎接我們，兩兩把手舉高，組成「愛情隧道」，我們歡欣鼓舞地穿越隧道。

這場求婚是個大驚喜，但我早就知道兩人想結婚了。我們已做過功課，歷經困難的對話，我們選擇「決定」結婚而非「滑入」婚姻。

幸福關鍵

一、愛情像是毒品，會讓我們神智不清。

二、假共識效應指的是，我們習慣認為別人對事情的觀點和我們一樣。剛開始交往時，愛情和假共識效應綜合在一起發威，使情侶很難在結婚前討論未來的重要事情[10]。他們會假定兩人的目標相同，但卻沒有和對方明確說出，這有可能導致婚姻破滅。

三、決定走上紅毯前，你可以做「過去、現在、未來」的功課。這是一系列的自我反思和兩人對話，你們應該要討論過去（兩人從前的經歷）、現在（兩人現在的狀態）和未來（兩人未來的走向）。一定要花時間討論財務、性愛、宗教和子女等重要議題。

第十八章

學習「刻意戀愛」

——成功的感情關係需要長期經營

還記得從此幸福快樂謬誤嗎？許多人誤以為，戀愛困難的地方在於找到對方，但這只是愛情故事的第一章，接著也困難重重——就是建立長久的關係。這是本章的重點。

我不打算粉飾真相。許多情侶的長期關係如以下所描述：

第一張圖是隨時間變化的平均自評婚姻滿意度[1]，顯示結婚愈久愈不幸福。從此幸福快樂個屁。

第二張圖也很重要，顯示一九七二年到二〇一四年[2]自認關係「非常幸福」的情侶比例。由此可見，過去四十年來，對長期關係滿意的人愈來愈少。

但還是有希望，你還是有機會能享受幸福感情。美好的關係是構築出來的結果，不是隨緣發現。努力經營可以建立長久關係，你有機會建立夢想中的感情關係。

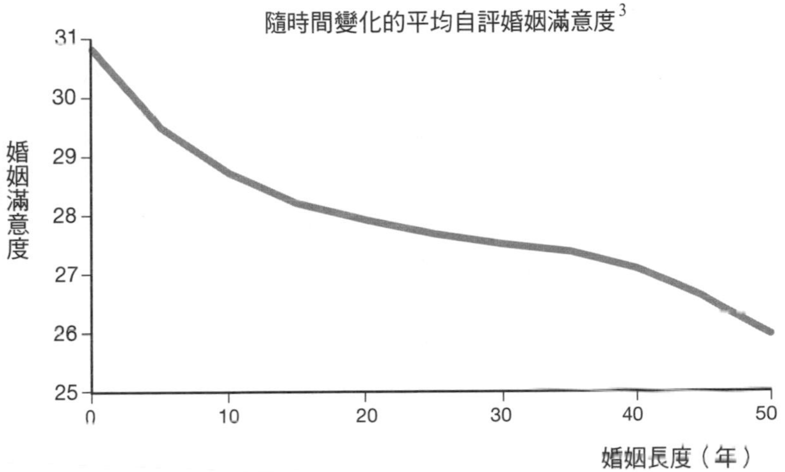

隨時間變化的平均自評婚姻滿意度[3]
婚姻滿意度
31
30
29
28
27
26
25
0
10
20
30
40
50
婚姻長度（年）

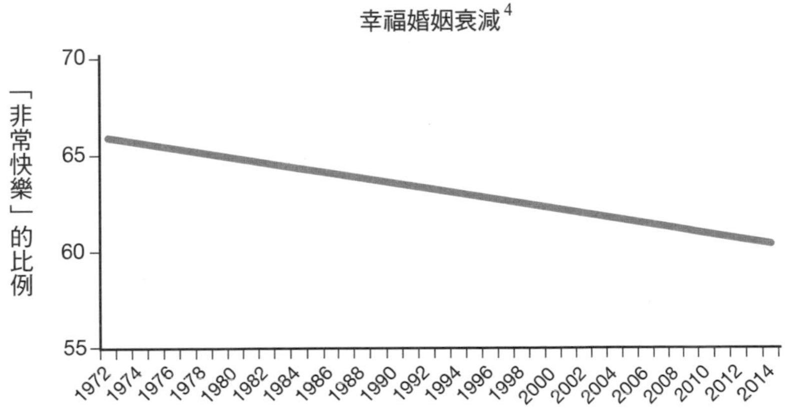

幸福婚姻衰減[4]
「非常快樂」的比例
70
65
60
55
1972
1974
1976
1978
1980
1982
1984
1986
1988
1990
1992
1994
1996
1998
2000
2002
2004
2006
2008
2010
2012
2014

建立隨雙方成長而改變的關係

如果有人問我怎樣可使關係長久，我喜歡引用查爾斯・達爾文（Charles Darwin）的名言：「最終能生存下來的物種，既不是最強的，也不是最聰明的，而是最能適應改變的物種[5]。」感情關係即使現在健全，若不調整因應，也有可能以失敗結束。你的人生或伴侶的人生都有可能遭遇意外變故，建立能演化的關係可以讓感情長久。

你或許認為自己未來不會有什麼重大改變，覺得自己已經定型了。

練習：回答以下兩則問題

一、你認為自己過去十年改變多少？

二、你認為未來十年自己會改變多少？

哈佛大學心理學家的團隊，詢問大批受試者同樣的問題[6]。他們請部分受試者預測自己未來十年會改變多少，請另一批受試者回顧自己過去十年改變了多少。多數人認為自己過去十年改變了許多，但不認為未來十年會經歷重大改變，他們錯了。吉伯特稱此為歷史終結的錯覺（endof-history illusion）[7]。

吉伯特指出，我們都明白身體會老化——頭髮會變白、生理會改變，但卻認為「我的核心、認同、價值、個性及深層的好惡，在未來也大致一樣不變」。但真相是，我們永遠在成長，不斷在改變。

個體會隨時間而改變，兩人的關係也是。有時，其中一方會遭遇困難，而另一方負責撐起家庭。兩人有時會感到深深的愛意，有時會受不了對方；有時溝通很容易，有時卻感到兩人之間有高牆。

由於兩人關係會不斷改變，我們應該把兩人關係當成有生命、有呼吸的活體來對待。然而，我們經常把兩人關係當成烤麵包機：開箱，插電，希望永遠不變。烤麵包機剛買來時，狀態最好，接著會隨時間緩慢衰退。沒有人希望烤麵包機會因為狀況改變或變得更好。我們在婚禮上進到婚姻，希望婚姻永遠不變，直到死亡。

結果這台烤麵包機的下場是什麼？如果看離婚率和分居率，五〇%的人把烤麵包機退貨[8]。以達爾文的概念解釋，兩人關係失敗的部分原因，是兩人關係的設計無法「適應改變」。

請丟掉烤麵包機想法，你應該使用「刻意戀愛」的觀念，把「談戀愛」帶到二十一世紀的時空。本書的重點在於進入感情關係時要刻意經營，這種思維也能開啟愛情故事的下一篇章。

為此，我設計了一系列用行為科學為基礎的工具，協助建立那種「大家都想獲得，但很少人知道該怎麼做」的長久關係。過去多年來，有這些工具，並被全球幾千對情侶使用，希望可以建立能適應改變、歷久彌新以及最重要的——具有耐久設計的感情關係。

寫「關係合約」協助建立共同願景

許多人只有在婚禮上才會明示婚約細節，但隨著預期壽命增加，我們立下誓言後，可能要等五十多年這麼久，那條「直到死亡」條款才會生效。我們需要現代化的系統，建立能適應雙方成長與改變的伴侶關係。這就是「關係合約」的作用。

第十五章說明撰寫分手計劃的作用，解釋過主動同意參加某件事的人，實際投入的機率大於被動同意參加的人。這份有生命、有呼吸的關係合約也是如此，這個設計能隨時間改變，隨時間成長。

無論是已婚情侶或長期交往的情侶都適用。我想先做個聲明：「合約」這字或許聽起來很可怕，但這份合約並不是婚前協議。這份合約是雙方共同採納、不具法律效力的文件，目標在協助情侶替關係建立共同願景。你可以把合約寫在餐巾紙上，打在Google doc上或用冰箱磁鐵拼出來。

這個合約能促進必要的定期對話，讓情侶弄清楚雙方對關係的期待。他們應該討論的問題包括：我們和親戚見面的頻率是多少？帳單怎樣分攤？性愛對我們來說重要嗎？我們是一對一的關係嗎？一對一關係的定義為何？

心理學家傑西．歐文（Jesse Owen）、加蓮娜．羅茲（Galena Rhoades）和史考特．史丹利（Scott Stanley）發現，花時間討論重大選擇的情侶，幸福感高於沒有這行為的情侶[9]。我在全美舉辦工作坊，就是為了協助情侶藉由關係合約做到這件事，至今已有數百對情侶受惠。

填寫關係合約時，應誠實坦白、暴露出脆弱的一面、願意妥協。此時絕對不要執著在伴侶的缺點，也不要提出要求。對話的重點不是討價還價——像是「如果你負責洗碗，我就負責洗衣服」，而是價值觀——像是「我們承諾會支持對方的夢想，並做出實現夢想的必要犧牲。」

工作坊裡，情侶擬定的合約總是五花八門，各有千秋。有些很嚴肅，還有情侶列出學貸償還計劃；有些則是很俏皮，像是有情侶發誓不再購買宜家家居（IKEA）的家具。

在這合約的第一頁，情侶設定「回顧合約的具體日期」。那天，兩人會互相給回饋，評論表現。有些情侶每年回顧一次，有些則五至七年回顧一次。如此對話可以替關係訂出決策點，讓情侶思考：我們的關係現在需要什麼？如此一來，他們便可修改合約，反映雙方這段期間的改變，此舉也有助於定期修補關係，避免關係走向崩潰。約翰．甘迺迪（John F. Kennedy）曾說：「晴天正是修補屋頂的時候[10]。」他講的不是婚姻，但你懂我的意思。

請「決定」，不要「滑行」。在本書附錄中，有一套撰寫關係合約的兩步驟練習。我和朋友及合作夥伴漢娜・休斯（Hannah Hughes）共同開發這套練習。第一部分是「自我反思練習單」，請自行填寫。這部分在問你需要多少時間獨處、你表現出的關懷語言是什麼、這段關係裡有什麼樣的儀式，你非常重視什麼等問題。第二部分則是空白的關係合約，請和伴侶共同制定。

練習：關係合約

找一個雙方都有空的週末，若能來場週末小旅行就更好了。如果不方便的話，也可以安排一場「宅度假」。首先，請把手機關機。在美食佳餚和親吻愛撫之間，找時間制定關係合約。請把討論的重點放在愛和連結。想著《愛是您・愛是我》（*Love Actually*），別想著《合約男女》（*Love Contractually*）。

我很喜歡心理治療師艾絲特・沛瑞爾的一段話：「感情關係的品質，取決在兩人的人生品質。感情關係是你的故事，請精心撰寫，經常修編[11]。」

經常是多常？我很喜歡每週進行「關懷儀式」，雙方簡短討論心中的想法。關係合約負責設定伴侶關係的方向，而關懷儀式則是確保兩人沒有走偏。無論是生小孩、開放式關係、甚至是結束關係，許多情侶害怕坦誠討論自己的想法。每段關係都有困難的地方，但絕大多數人卻不敢提出來討論。關係合約和關懷儀式的目的，就是促進雙方討論這些事情。

每個星期天晚上，史考特和我會坐在大沙發上討論。他總是坐在靠門的那端（我不想過度解讀他行為），我則癱坐在軟墊上。他通常會吃爆米花，而我則是因為吃完晚餐感到肚子脹。

我們互問對方三則問題：你上週過得如何？有沒有感受到我的支持？下週我可以如何支持你？有時，關懷儀式只持續五分鐘。但如果我們上週過得不順，關懷儀式就會變成又長又親密的對話。談這些事有時很困難，但常常很重要，而且能讓我們看得更清楚。我們試著在問題出現時就處理掉。透過這方法，我們維繫兩人連結，持續發現自己和這段關係的新面向。這個儀式讓我們在還來得及的時候、在怨恨累積太深之前就面對問題。

儀式本身和對話一樣重要。請把這件事變成持續、定期的活動，善用行為科學家常用的超簡單原則——如果把活動放在行事曆上並設成預設，我們實際執行的機率就會大幅提升。由於關懷儀式已成為行事曆上的定期行程，雙方都不用勞煩對方找時間討論重要的事情。我輔導過的情侶中，採用關懷儀式的情侶自評感到更幸福、更熱情、更堅韌。

請想想：如果和伴侶定期坐下來討論自己的狀況，人生會是什麼樣呢？我向你保證，這絕對值得。請選擇「刻意戀愛」。

練習：設計關懷儀式

請和伴侶坐下來，一起思考以下問題：

一、每週關懷儀式的時間是何時？

二、關懷儀式的地點在哪？請挑出兩人都感到舒適的環境。例如沙發？附近公園的長椅？

三、每週想互相問什麼問題？

四、如何讓儀式有一種特別的感覺？例如，要不要在一邊吃最喜歡的點心時，一邊回答問題？還是互相腳部按摩？

五、如果雙方不在身邊，要如何進行關懷儀式？

下一步：經營並享受「刻意戀愛」的世界

健全的伴侶關係不會憑空出現，健全的伴侶關係是雙方關注和選擇出來的產物，是「刻意戀愛」的成果。在刻意戀愛的世界，或者是刻意人生的世界，希望你在回顧人生時，可以看見自己做出一系列經過審慎思考的刻意選擇。你可能更喜歡過去的某個對象，可能經歷三段重要的感情，可能單身但生活充滿刺激。無論如何，這是一場探險，不是一場意外。你設計出自己的人生，對自己負責，誠實面對自己的為人和想法，最重要的是，在必要時修正方向，你沒有遵照別人對人生的想法而活，你活出自己的人生。

為撰寫本書做研究時，我有幸認識許多啟發我的人，他們體現出刻意戀愛的理想。例如，有位男性約會時，會坦承表明自己的目標——不是什麼嚴肅認真的目標，而他說的事情常常令對方既感激又寬心。

有位跨性別女性，終於找到一位能讓她新的身體性高潮的伴侶。兩人最近買了房子，用的是他們的退伍軍人福利。

有位男性學到，向妻子表達自己對房子的需求，像是某一處可以自行裝潢、感覺是屬於自己的地方。

有對情侶採取非單一伴侶關係，並購買房子讓第二、第三伴侶可以一起組建家庭。

上述情侶有些在理論上是不可能成功的，但刻意戀愛使他們的人生充滿歡樂與幸福。有些情侶經歷罕見癌症和多次小產，但他們每天為感情關係付出大量心力，藉此撐過難關。他們決心逆轉低勝算，成為少數幸福、共存共榮的情侶。

你也有機會，畢竟這些成功方法不是什麼祕訣。希望看完本書後，你已經掌握訣竅。請踏出去，展開「刻意」人生。

幸福關鍵

一、過去四十年，在長期關係中，幸福快樂的人愈來愈少。幸好，美好的關係是構築的結果，不是隨緣的發現。你可以建構出夢想中的感情關係。

二、演化是能讓關係長久的關鍵。我們低估自己未來成長和改變的幅度，我們應該要建立可以和伴侶一起學習、一起成長的關係。

三、撰寫關係合約可替兩人關係設定方向，並隨時間調整願景。每週進行關懷儀式，有助於在問題出現時就先解決掉。

四、在刻意戀愛的世界，你設計出自己的人生，對自己負責，誠實面對自己的為人和想法。最重要的是，在必要時修正方向。你沒有遵照別人對人生的想法而活，你活出自己的人生。請踏出去，展開「刻意」人生。

關係合約：自我反思練習單

練習說明

請自行填寫此練習單，以誠實開放的心態面對自己的需求。

時間

- 有空的時段

我能在以下時段和伴侶相處（可複選）：

☐週間上午＿＿＿＿＿＿＿＿＿＿

☐週間下午＿＿＿＿＿＿＿＿＿＿

☐週間晚間＿＿＿＿＿＿＿＿＿＿

☐週末上午＿＿＿＿＿＿＿＿＿＿

☐週末下午＿＿＿＿＿＿＿＿＿＿

☐週末晚間＿＿＿＿＿＿＿＿＿＿

我希望在一週之內，能和伴侶一對一相處＿＿＿＿次。

- **儀式**

這段或前段感情關係中，我最喜歡哪三項儀式？

（例：週六早上去超市買菜、電影約會、週日早上在床上吃早餐等）

1.__________ 2.__________ 3.__________

未來希望建立什麼新儀式（一項即可）？

- **特殊活動**

我喜歡和伴侶一起去做哪三項特殊活動？

（例：旅行、上高級餐廳、一起上課等）

1.__________ 2.__________ 3.__________

- **獨處**

我需要多少獨處時間？

☐ 很多（每日數小時）

☐ 適中（每週至少一個晚上）

☐ 很少（不強求）

我喜歡做哪兩種活動？（例：瑜珈、買菜等）

1.__________ 2.__________

社交生活

• 朋友

我想維持哪一項和朋友從事的活動或傳統？

我最希望希望伴侶能認識哪些朋友？

1.__________ 2.__________ 3.__________

我希望伴侶參與我社交生活多少？

☐ 完全融入（朋友圈和活動都相同）

☐ 部分融入（有共同朋友和活動，但也有各自的朋友圈和嗜好）

☐ 各自分開（我希望和伴侶有各自的社交生活和嗜好）

• 家庭

我希望和家人見面的頻率為何？

☐ 至少一週一次

☐ 至少一個月一次

☐ 一年好幾次

☐ 一年一次

☐ 幾乎不見面

我希望哪些節日或特殊場合和家人相處：

1.__________ 2.__________ 3.__________

情感需求

• 關懷語言

人喜歡受到的關懷方式各有不同。

關懷語言有五種：肯定的言語、良好的相處、贈送禮物、服務對方、肢體接觸。

我喜歡哪一種關懷語言？

☐ 肯定的言語

☐ 良好的相處

☐ 贈送禮物

☐ 服務對方

☐ 肢體接觸

• 壓力管理

感到壓力時，我喜歡做哪些事情舒緩壓力？

（例：洗澡、獨處、把事情談開、散步、打電話給朋友）

____

感到壓力時，我希望伴侶如何支持我？（可複選）

☐ 聽我發泄

☐ 轉移我的注意力

☐ 讓我獨處

☐ 提供解決方案

☐ 其它：______________________________

爭執

和伴侶出現意見不同時，你偏好哪些溝通方式？（可複選）

☐ 當面談

☐ 電子郵件

☐ 文字訊息

☐ 其它：________________

性愛

對我而言，性愛是：

☐ 非常重要

☐ 有點重要

☐ 不重要

我希望和伴侶每週／月做愛________次。

我希望的交往模式為：

☐ 一對一

☐「大致一對一」（有些開放）[1]

☐ 完全開放

☐ 其它：________________

關係合約

說明

找時間和伴侶一起制定這份合約。理想地點是可以放鬆又浪漫的環境。請你們先寫「自我反思練習單」，接著互相分享答案，練習主動傾聽對方的技巧，包括把伴侶的想法再講一次給他聽，讓伴侶感到自己心聲有被聽見。需要休息就休息。完成後請簽名並親吻！

合約

我們了解感情關係需要花心力維持。我們選擇兩人都要付出，為我們的愛情、幸福和成長付出。我們明白，在愛意深、幸福快樂的時候強化關係，會比遇到狀況才修補好。

這份諾言就是為關係雙方的共同利益所制定。

締約雙方：

伴侶一：

伴侶二：

（以下稱伴侶一和伴侶二）

合約生效日：

合約回顧日：

連接彼此的邀請[2]

關係學者約翰・高特曼和茱莉・高特曼提出，「邀請」(bid)是「情感溝通的基本元素」。邀請可大可小，可用言語表達，也可用非言語表達。邀請的本質，就是連結彼此的請求，這形式有可能是一個表達、一個問題、一個肢體接觸，也有可能幽默，可能嚴肅，甚至可能涉及性愛。每次伴侶提出邀請，你都能選擇該如何做。你可以「面對」邀請，接納伴侶的需求，或是「背對」邀請，忽略請求。關係幸福的情侶，面對彼此邀請的比率高達八六％；關係出問題的情侶，面對彼此邀請的比率只有三三％。面對彼此邀請的情侶會充滿信任、熱情、幸福性生活。

我們承諾常常向對方提出邀請，並盡可能面對彼此的邀請。

伴侶一

簽章：

伴侶二

簽章：

時間

‧儀式

我們每週在這些時間，一對一相處：

（填寫每週的各時段相處次數）

☐ 週間上午＿＿＿＿＿＿＿＿

☐ 週間下午＿＿＿＿＿＿＿＿

☐ 週間晚間＿＿＿＿＿＿＿＿

☐ 週末上午＿＿＿＿＿＿＿＿

☐ 週末下午＿＿＿＿＿＿＿＿

☐ 週末晚間＿＿＿＿＿＿＿＿

我們每週會獨處＿＿＿＿＿＿＿＿次。

我們每週有＿＿＿＿＿＿＿＿次在相處時不用手機。

我們最喜歡的共同儀式為：

（例：上超市買菜、電影約會、在床上吃早餐等）

我們承諾盡可能常常做這些活動。

如果我們每個月錯過＿＿＿＿次良好的相處時間，會透過以下方式彌補：

（例：週末小旅行，在家一起做晚餐等）

我們也希望嘗試新的儀式。

下次回顧前，我們會舉行新的儀式：

（例：週日一起做早午餐，睡前訴說感激的事情等）

- **特殊活動**

我們都重視的三項特殊活動為：

（例：旅行、上高級餐廳、一起上課等）

1.__________ 2.__________ 3.__________

我們承諾撥出時間做這些活動，頻率如下：

（例：一起做菜，一週一次）

1.__________ 2.__________ 3.__________

- **獨處時間**

我們明白人需要的充電時間各有不同。

伴侶一

我需要獨處的頻率：

☐ 高（每日數小時）

☐ 中（每週至少一個晚上）

☐ 低（不強求）

我重視的獨處活動為：

伴侶二

我需要獨處的頻率：

☐ 高（每日數小時）

☐ 中（每週至少一個晚上）

☐ 低（不強求）

我重視的獨處活動為：

我們接受彼此的獨處需求。

• **朋友**

我們希望彼此的朋友圈：

☐ 完全相同

☐ 部分相同

☐ 完全分開

伴侶一

我承諾去認識伴侶二社交圈裡的三位人士：

1.______________ 2.______________ 3.______________

伴侶二

我承諾去認識伴侶一社交圈裡的三位人士：

1.______________ 2.______________ 3.______________

下次回顧前，我們的社交生活目標是：

（例：一起參加更多聚會、加入球隊、每月舉辦晚餐聚會）

- 家人

我們和伴侶一家人見面的頻率為：

☐ 每週一次

☐ 每月一次

☐ 每年一次

☐ 其它：＿＿＿＿＿＿＿＿＿＿

我們和伴侶二家人見面的頻率為：

☐ 每週一次

☐ 每月一次

☐ 每年一次

☐ 其它：＿＿＿＿＿＿＿＿＿＿

- 節日和特殊場合

下方為節日／特殊場合的排序：

（例：在某方家人的家中，一起過聖誕節）

場合一：

如何安排：

場合二：

如何安排：

場合三：

如何安排：

情感需求

• 關懷語言[3]

我們明白每個人喜歡受到的關懷方式都不同。關懷語言有五種：肯定的言語、良好的相處、贈送禮物、服務對方、肢體接觸。

我們希望受到關懷的方式如下：

伴侶一

我的關懷語言是：

伴侶二

我的關懷語言是：

• 壓力管理

我們明白每個人處理壓力的方式不同。

伴侶一

我處理壓力的方式為：

壓力大時，我希望伴侶要怎樣給我支持：

伴侶二

我處理壓力的方式為：

壓力大時，我希望伴侶要怎樣給我支持：

爭執

我們明白有些行為會對感情關係造成傷害。約翰．高特曼和茱莉．高特曼說，做出批評、輕蔑、防衛、築牆這四種行為的情侶，比較容易分手或感情不幸福。因此，這四種行為叫作「末日四騎士[4]」。

- **對抗末日四騎士**

批評：我不會言語攻擊伴侶的人格或個性，我會談我的感覺，清楚說出請伴侶改變哪些行為（例如，請說：「你不在時，我感到寂寞。我希望我們兩人每週能相處一晚。」；不要說：「你根本不在乎我！」）。

輕蔑：我不會攻擊伴侶，我會建立欣賞對方、也會感激的相處模式，提醒自己伴侶有什麼優點。

防衛：我不會怪罪或苛責自己，我會接受伴侶的回饋和觀點，並向伴侶道歉。

築牆：感到情緒氾濫時，我不會持續爭執，我會休息片刻讓自己冷靜，覺得能有效溝通再回到對話。

伴侶一　　　　　　　　伴侶二

簽章：　　　　　　　　簽章：

發生爭執時，我們希望採行以下溝通方式：
（例：面談、文字溝通等）

伴侶一

我希望：

伴侶二

我希望：

當一個人情緒過載時，可能會出現情緒氾濫[5]。遇到情緒氾濫時，我們會請雙方暫停。

請求暫停的關鍵詞為：

性愛

對我們而言，性愛是：

☐ 非常重要

☐ 有點重要

☐ 不重要

我們承諾每＿＿＿＿＿＿至少做愛＿＿＿＿＿＿次。

我們的交往模式為：

☐ 一對一

☐ 「大致一對一」（有些開放）

☐ 完全開放

☐ 其它：＿＿＿＿＿＿＿＿＿＿＿＿

我們同意遵守丹·薩維奇（Dan Savage）的GGG觀念[6]：在性生活上，我們會努力在床上好好表現（good），互相付出（giving），勇於嘗試合理範圍內的任何事情（game）。

總結

我們知道持續付出才能得到健全的關係。我們明白兩人的重心、興趣和感覺，很可能會隨時間改變。我們承諾，到下一次合約回顧前或分手前，遵守以上諾言。

伴侶一

姓名：

簽章：

伴侶二

姓名：

簽章：

註解

第一章

1. "Belonging" (Oxford: Social Issues Research Centre, July 2007), 4.
2. David Graeber, Debt: *The First 5,000 Years* (New York: Melville House, 2011), 131.
3. Esther Perel, "The Future of Love, Lust, and Listening," SXSW, March 9, 2018, Austin, Texas, 55:12.
4. Moira Weigel, Labor of Love: *The Invention of Dating* (New York: Farrar, Straus and Giroux, 2016), 13.
5. Jeff Kauflim, "How Match.Com Was Founded by Gary Kremen," *Business Insider*, July 14, 2015, https://www.businessinsider .com/how-matchcom-was-founded-by-gary-kremen-2015-7.
6. Barry Schwartz, The Paradox of Choice: Why More Is Less (New York: Ecco/HarperCollins, 2016).
7. Perel, "The Future of Love, Lust, and Listening."
8. Esther Perel, The Tim Ferriss Show, Ep. 241: "The Relationship Episode: Sex, Love, Polyamory, Marriage, and More," interview by Tim Ferriss, June 1, 2018, https://tim.blog/2018/06/01/the-tim-ferriss-show -transcripts-esther-perel/.
9. Paul R. Amato, "Research on Divorce: Continuing Trends and New Developments," *Journal of Marriage and Family* 72, no. 3 (June 18, 2010): 651.
10. Tom Smith, Jaesok Son, and Benjamin Schapiro, "Trends in Psychological Well-Being, 1972–2014," NORC at the University of Chicago, April 2015, 8.
11. Amato, "Research on Divorce: Continuing Trends and New Developments."
12. Smith, Son, and Schapiro, "Trends in Psychological Well-Being, 1972–2014."
13. Alex Bell et al., "Who Becomes an Inventor in America? The Importance of Exposure to Innovation," *Quarterly Journal of Economics* 134, no. 2 (May 1, 2019): 699–700.

14. Sheryl Sandberg, Lean In: Women, Work, and the Will to Lead (New York: Alfred A. Knopf, 2013), 110.

第三章

1. Renae Franiuk, Dov Cohen, and Eva M. Pomerantz, "Implicit Theories of Relationships: Implications for Relationship Satisfaction and Longevity," *Personal Relationships* 9, no. 4 (2002): 345–67.
2. Stephanie Coontz, *Marriage, a History: How Love Conquered Marriage* (New York: Penguin Books, 2006), 5.
3. Michael R. Burch, trans., "Sumerian Love- Song," in James B. Pritchard, *Ancient Near Eastern Texts Relating to the Old Testament*, 3rd ed. (Princeton, NJ: Princeton University Press, 2015), 496.
4. Esther Perel, *Mating in Captivity: Unlocking Erotic Intelligence* (New York: Harper Paperbacks, 2017), 7.
5. Alain de Botton, interview by Logan Ury, Los Angeles, February 21, 2019.
6. Alain de Botton, "How Romanticism Ruined Love," School of Life, The Book of Life, April 28, 2016, https://www.theschooloflife.com /thebookoflife/how-romanticism-ruined-love/.
7. Coontz, *Marriage, a History*.
8. de Botton, "How Romanticism Ruined Love."

第四章

1. H. A. Simon, "Rational Choice and the Structure of the Environment," *Psychological Review* 63, no. 2 (1956): 129–38.
2. Barry Schwartz, quoted by Elizabeth Bernstein, "How You Make Decisions Says a Lot About How Happy You Are," *Wall Street Journal*, Health and Wellness, October 7, 2014.
3. Johanna M. Jarcho, Elliot T. Berkman, and Matthew D. Lieberman, "The Neural Basis of Rationalization: Cognitive Dissonance Reduction During Decision-Making," *Social Cognitive and Affective Neuroscience* 6, no. 4 (September 1, 2011): 460–67.
4. Brian Christian and Tom Griffiths, *Algorithms to Live By: The Computer Science of Human Decisions* (New York: Henry Holt, 2016), 15.
5. Sara Hammel and Julie Jordan, "Robert De Niro Baby Girl Born Via Surrogate," People.com, accessed April 4, 2020, https://people.com/parents/robert-de-niro-baby-girl-born-via-surrogate/.

第五章

1. Britannica Online Academic Edition, "Opportunity Cost," accessed April 4, 2020, https://www.britannica.com/topic/opportunity-cost.
2. Ali Wong, *Dear Girls: Intimate Tales, Untold Secrets & Advice for Living Your Best Life* (New York: Random House, 2019), 50.
3. Feng-Yang Kuo and Mei-Lien Young, "A Study of the Intention-Action Gap in Knowledge Sharing Practices," *Journal of the American Society for Information Science and Technology* 59, no. 8 (2008): 1,224–37.
4. Dan Ariely and Klaus Wertenbroch, "Procrasination, Deadlines, and Performance: Self-Control by Precommitment," *Psychological Science* 13, no. 3 (May 2002): 219–24.
5. Britannica Online Academic Edition, Suzanne B. Shu and Ayelet Gneezy, "Procrastination of Enjoyable Experiences," *Journal of Marketing Research* 47, no. 5 (October 2010): 933–44.
6. Kevin D. McCaul, Verlin B. Hinsz, and Harriette S. McCaul, "The Effects of Commitment to Performance Goals on Effort," *Journal of Applied Social Psychology* 17, no. 5 (May 1987): 437–52.
7. David W. Nickerson and Todd Rogers, "Do You Have a Voting Plan?: Implementation Intentions, Voter Turnout, and Organic Plan Making," *Psychological Science* 21, no. 2 (February 2010): 194–99.
8. Edwin A. Locke and Gary P. Latham, "New Directions in Goal-Setting Theory," *Current Directions in Psychological Science* 15, no. 5 (October 2006): 265–68.
9. Daniel T. Gilbert and Jane E. J. Ebert, "Decisions and Revisions: The Affective Forecasting of Changeable Outcomes," *Journal of Personality and Social Psychology* 82, no. 4 (April 2002): 503–14.
10. Johanna M. Jarcho, Elliot T. Berkman, and Matthew D. Lieberman, "The Neural Basis of Rationalization: Cognitive Dissonance Reduction During Decision-Making," *Social Cognitive and Affective Neuroscience* 6, no. 4 (September 1, 2011): 460–67.
11. Tara C. Marshall, "Facebook Surveillance of Former Romantic Partners: Associations with Post-Breakup Recovery and Personal Growth," *Cyberpsychology, Behavior, and Social Networking* 15, no. 10 (October 2012): 521–26.
12. Ashley E. Mason et al., "Staying Connected When Coming Apart: The Psychological Correlates of Contact and Sex with an Ex-Partner," *Journal of Social and Clinical Psychology* 31, no. 5 (May 2012): 488–507.

第六章

1. Amir Levine and Rachel Heller, *Attached: The New Science of Adult Attachment and How It Can Help You Find—and Keep—Love* (New York: TarcherPerigee, 2012); Sue Johnson, *Hold Me Tight: Seven Conversations for a Lifetime of Love* (New York: Little, Brown Spark, 2008).

2. Inge Bretherton, "The Origins of Attachment Theory: John Bowlby and Mary Ainsworth," *Developmental Psychology* 28, no. 5 (September 1992): 759–75.

第七章

1. Anujit Chakraborty, "Present Bias," *SSRN Electronic Journal*, 2019.

2. Esther Perel, interview by Logan Ury, New York City, March 27, 2019.

3. Dan Ariely, interview by Logan Ury, San Francisco, February 28, 2019.

4. John Gottman, "History of the Love Lab," The Gottman Institute, February 4, 2018, https://www.gottman.com/love-lab/.

5. David A. Schkade and Daniel Kahneman, "Does Living in California Make People Happy?: A Focusing Illusion in Judgments of Life Satisfaction," *Psychological Science* 9, no. 5 (September 1998): 340–46.

6. John Dakin and Richard Wampler, "Money Doesn't Buy Happiness, but It Helps: Marital Satisfaction, Psychological Distress, and Demographic Differences Between Low- and Middle-Income Clinic Couples," *American Journal of Family Therapy* 36, no. 4 (July 2, 2008): 300–311.

7. Frances C. Lawrence, Rene? H. Thomasson, Patricia J. Wozniak, and Aimee D. Prawitz, "Factors Relating to Spousal Financial Arguments," *Financial Counseling and Planning*, no. 4 (1993): 85–93.

8. A. V. Whillans, Jessie Pow, and Michael I. Norton, "Buying Time Promotes Relationship Satisfaction," *Harvard Business School working paper*, January 29, 2018.

9. Daniel Kahneman and Angus Deaton, "High Income Improves Evaluation of Life but Not Emotional Well- Being," *Proceedings of the National Academy of Sciences* 107, no. 38 (September 21, 2010): 16, 489–93.

10. Glenn Firebaugh and Matthew B. Schroeder, "Does Your Neighbor's Income Affect Your Happiness?," *American Journal of Sociology* 115, no. 3 (November 2009): 805–31.

11. Philip Brickman, Dan Coates, and Ronnie Janoff-Bulman, "Lottery Winners and Accident Victims: Is Happiness Relative?," *Journal of Personality and Social Psychology* 36, no. 8 (1978): 917–27.

12. Daniel S. Hamermesh and Jeff E. Biddle, “Beauty and the Labor Market,” *American Economic Review* 84, no. 5 (1994): 1174.
13. Rodrigo Praino and Daniel Stockemer, “What Are Good-Looking Candidates, and Can They Sway Election Results?: Good-Looking Candidates and Electoral Results,” *Social Science Quarterly* 100, no. 3 (May 2019): 531–43.
14. Leslie A. Zebrowitz and Joann M. Montepare, “Social Psychological Face Perception: Why Appearance Matters,” *Social and Personality Psychology Compass* 2, no. 3 (May 2008): 1497–1517.
15. Nancy L. Etcoff, *Survival of the Prettiest: The Science of Beauty* (New York: Anchor Books, 2000).
16. Ty Tashiro, *The Science of Happily Ever After: What Really Matters in the Quest for Enduring Love* (Harlequin, 2014), 17.
17. Ted L. Huston et al., “The Connubial Crucible: Newlywed Years as Predictors of Marital Delight, Distress, and Divorce,” *Journal of Personality and Social Psychology* 80, no. 2 (February 2001): 237–52.
18. Helen Fisher et al., “Defining the Brain Systems of Lust, Romantic Attraction, and Attachment,” *Archives of Sexual Behavior* 31, no. 5 (October 2002): 413–19.
19. Tricia Brock, “The Bubble,” 30 *Rock* (NBC, March 19, 2009).
20. Cynthia A. Graham et al., “What Factors Are Associated with Reporting Lacking Interest in Sex and How Do These Vary by Gender? Findings from the Third British National Survey of Sexual Attitudes and Lifestyles,” BMJ Open 7, no. 9 (September 13, 2017): e016942.
21. Eli Finkel, interview by Logan Ury, Chicago, June 25, 2019.
22. William J. Chopik and Richard E. Lucas, “Actor, Partner, and Similarity Effects of Personality on Global and Experienced Well-Being,” *Journal of Research in Personality* 78 (February 2019): 249–61.
23. Raphaëlle Chaix, Chen Cao, and Peter Donnelly, “Is Mate Choice in Humans MHC-Dependent?,” ed. Molly Przeworski, *PLoS Genetics* 4, no. 9 (September 12, 2008): e1000184.
24. Claus Wedekind, Thomas Seebeck, Florence Bettens, and Alexander J. Paepke, “MHC-Dependent Mate Preferences in Humans,” *Proceedings of the Royal Society of London: Series B: Biological Sciences* 260, no. 1359 (June 22, 1995): 245–49.
25. 同上
26. Eli Finkel, “How to Build a Marriage That Truly Meets Your Needs,” ideas.ted.com, October 3, 2017, https://ideas.ted .com/how-to-build-a-marriage-that-truly-meets-your-needs/.
27. Elaine O. Cheung, Wendi L. Gardner, and Jason F. Anderson, “Emotionships: Examining People’s Emotion- Regulation Relationships

and Their Consequences for Well-Being," *Social Psychological and Personality Science* 6, no. 4 (May 1, 2015): 407–14.

28. Tashiro, *The Science of Happily Ever*, 8.
29. Zahra Barnes, "Should You Have A Dating Checklist?," Self, accessed April 4, 2020, https://www.self.com/story /should-you-have-a-dating-checklist.
30. Ty Tashiro, "An Algorithm for Happily Ever After," TEDSalon, New York, July 2014.
31. Robin Schoenthaler, "Will He Hold Your Purse?," *Boston Globe Magazine*, October 4, 2009.
32. Carol S. Dweck, Mindset: *The New Psychology of Success* (New York: Ballantine Books, 2007).
33. John Mordechai Gottman, *The Seven Principles for Making Marriage Work* (New York: Three Rivers Press, 1999), 73.
34. Daniel B. Wile, *After the Honeymoon: How Conflict Can Improve Your Relationship* (Oakland, CA: Collaborative Couple Therapy Books, 2008).
35. Dan Ariely, "On Dating & Relationships," Talks at Google, 58:00, November 11, 2015, https://www.youtuble.com/watch ?v=RS8R2TKrYi0.

第八章

1. Michael J. Rosenfeld, Reuben J. Thomas, and Sonia Hausen, "Disintermediating Your Friends: How Online Dating in the United States Displaces Other Ways of Meeting," *Proceedings of the National Academy of Sciences* 116, no. 36 (September 3, 2019): 17753–58.
2. 同上。
3. Cecilia Kang, "Google Crunches Data on Munching in Office," *Washington Post*, Technology, September 1, 2013.
4. Justin Wolfers, Freakonomics, Ep. 154: "What You Don't Know About Online Dating," interview by Stephen Dubner, February 6, 2014, https://freakonomics.com/podcast/what-you-dont-know -about-online-dating-a-new-freakonomics-radio-podcast/.
5. Dan Ariely, "You Are What You Measure," *Harvard Business Review*, June 1, 2010.
6. Christopher K. Hsee, "The Evaluability Hypothesis: An Explanation for Preference Reversals Between Joint and Separate Evaluations of Alternatives," *Organizational Behavior and Human Decision Processes* 67, no. 3 (September 1, 1996): 247–57.
7. Dan Ariely, "A Conversation with Dan Ariely, James B. Duke Professor of Psychology and Behavioral Economics at Duke University," interview by Big Think, July 1, 2010, https://bigthink.com/videos/big-think-interview-with-dan-ariely-3.
8. William Samuelson and Richard Zeckhauser, "Status Quo Bias in Decision Making," *Journal of Risk and Uncertainty* 1, no. 1 (March

1988): 7–59.

9. Rebecca D. Heino, Nicole B. Ellison, and Jennifer L. Gibbs, "Relationshopping: Investigating the Market Metaphor in Online Dating," *Journal of Social and Personal Relationships* 27, no. 4 (June 1, 2010): 427–47.

10. Jeana H. Frost et al., "People Are Experience Goods: Improving Online Dating with Virtual Dates," *Journal of Interactive Marketing* 22, no. 1 (2008): 51–61.

11. Barry Schwartz, *The Paradox of Choice: Why More Is Less* (New York: Ecco/HarperCollins, 2016).

12. Sheena S. Iyengar and Mark R. Lepper, "When Choice Is Demotivating: Can One Desire Too Much of a Good Thing?," *Journal of Personality and Social Psychology* 79, no. 6 (2000): 995–1006.

13. "Dan Ariely: On Dating & Relationships," Talks at Google, 58:00, November 11, 2015, https://www.youtube.com / watch?v=RS8R2TKrYi0.

14. Xiao Bi, "In With the New—Compensation of Newly Hired Chief Executive Officers," *Equilar*, February 7, 2015, https://www .equilar.com/reports/15-in-with-the-new.html.

15. Ken Favaro, Per-Ola Karlsson, Jon Katzenbach, and Gary Neilson, "Lessons from the Trenches for New CEOs: Separating Myths from Game Changers," Booz & Company, 2010.

16. Eric Johnson, "Swiping on Tinder Is Addictive. That's Partly Because It Was Inspired by an Experiment That 'Turned Pigeons into Gamblers,' " *Vox*, September 19, 2018.

17. B. F. Skinner, " 'Superstition' in the Pigeon," *Journal of Experimental Psychology* 38, no. 2 (1948): 168–72.

18. "Hinge Report: Profile Pictures That Get the Most Likes," *Medium*, April 20, 2017, https://medium.com/@Hinge/hinge -the-relationship-app-28f1000d5e76.

19. Eddie Hernandez, "Best Hinge Prompts, Answers to Use on Your Dating Profile," Eddie Hernandez Photography, November 20, 2019, https://eddie-hernandez.com/best-hinge-questions/.

20. "New Leads," The Office. Directed by Brent Forrester, Written by Greg Daniels, National Broadcasting Company, March 18, 2010.

第九章

1. Natasha Singer, "OkCupid's Unblushing Analyst of Attraction," New York Times, September 6, 2014.

2. Christian Rudder, "How Your Race Affects the Messages You Get," OKTrends, October 5, 2009, https://www.gwern.net /docs/

psychology/okcupid/howyourraceaffectsthemessagesyouget.html.
3. Christian Rudder, Dataclysm: Love, Sex, Race, and Identity—What Our Online Lives Tell Us About Our Offline Selves (New York: Broadway Books, 2014).
4. Gail Matthews, "Goal Research Summary," paper presented at the 9th Annual International Conference of the Psychology Research Unit of Athens Institute for Education and Research (ATINER), Athens, Greece, 2015.
5. Phyllis Korkki, "Need Motivation? Declare a Deadline," New York Times, Job Market, April 20, 2013.
6. Nicholas Epley and Juliana Schroeder, "Mistakenly Seeking Solitude," *Journal of Experimental Psychology: General* 143, no. 5 (2014): 1980.

第十章

1. Cecilia Kang, "Google Crunches Data on Munching in Office," *Washington Post*, Technology, September 1, 2013.
2. Esther Perel, interview by Logan Ury, New York City, March 27, 2019.
3. Richard Wiseman, *The Luck Factor* (New York: Miramax, 2003), 50.
4. Richard Wiseman, "Be Lucky—It's an Easy Skill to Learn," *Telegraph*, January 9, 2003.
5. Quote Investigator, "Whether You Believe You Can Do a Thing or Not, You Are Right," accessed April 5, 2020, https://quoteinvestigator.com/2015/02/03/you-can/.
6. Wiseman, *The Luck Factor*, 172.
7. Shogo Kajimura and Michio Nomura, "When We Cannot Speak: Eye Contact Disrupts Resources Available to Cognitive Control Processes During Verb Generation," *Cognition* 157 (December 1, 2016): 352–57.
8. Jeana H. Frost et al., "People Are Experience Goods: Improving Online Dating with Virtual Dates," *Journal of Interactive Marketing* 22, no. 1 (2008): 5, 161.
9. Ryan W. Buell and Michael I. Norton, "The Labor Illusion: How Operational Transparency Increases Perceived Value," *Management Science* 57, no. 9 (2011): 1564–79.
10. Perri Klass, "Taking Playtime Seriously," *New York Times*, Well, January 29, 2018.
11. Edward L. Deci and Richard M. Ryan, "Intrinsic Motivation," in *The Corsini Encyclopedia of Psychology*, ed. Irving B. Weiner and W. Edward Craighead (Hoboken, NJ: John Wiley, 2010).

12. Sandra Manninen et al., “Social Laughter Triggers Endogenous Opioid Release in Humans,” *Journal of Neuroscience* 37, no. 25 (June 21, 2017): 6125–31.

13. Joel Stein, “Humor Is Serious Business,” Stanford Graduate School of Business, July 11, 2017, https://www.gsb.stanford.edu/insights/humor-serious-business.

14. National Center for Biotechnology Information et al., *The Physiological Basis of Breastfeeding, Infant and Young Child Feeding: Model Chapter for Textbooks for Medical Students and Allied Health Professionals* (World Health Organization, 2009), 19.

15. Stein, “Humor Is Serious Business.”

16. Lee S. Berk et al., “Neuroendocrine and Stress Hormone Changes During Mirthful Laughter,” *American Journal of the Medical Sciences* 298, no. 6 (December 1989): 390–96.

17. “Humor, Laughter, and Those Aha Moments,” Scribd, 2010, https://www.scribd.com/document/372724309/Humor-Laugh- ter-And-Those-Aha-Moments.

18. Susan Sprecher and Susan S. Hendrick, “Self- Disclosure in Intimate Relationships: Associations with Individual and Relationship Characteristics Over Time,” *Journal of Social and Clinical Psychology* 23, no. 6 (2004): 857–77.

19. Karen Huang et al., “It Doesn’t Hurt to Ask: Question-Asking Increases Liking,” *Journal of Personality and Social Psychology* 113, no. 3 (September 2017): 430–52.

20. Mandy Len Catron, “To Fall in Love with Anyone, Do This,” New York Times, Style, January 9, 2015.

21. Arthur Aron et al., “The Experimental Generation of Interpersonal Closeness: A Procedure and Some Preliminary Findings,” *Personality and Social Psychology Bulletin* 23, no. 4 (1997): 363–77.

22. Charles Derber, *The Pursuit of Attention: Power and Individualism in Everyday Life* (New York: Oxford University Press, 1983).

23. Sherry Turkle, “Stop Googling. Let’s Talk,” *New York Times*, Opinion, September 26, 2015.

24. 同上。

25. Donald A. Redelmeier, Joel Katz, and Daniel Kahneman, “Memories of Colonoscopy: A Randomized Trial,” Pain 104, no. 1 (July 2003): 187–94.

26. “What Is Peak-End Theory? A Psychologist Explains How Our Memory Fools Us,” PositivePsychology.com, March 3, 2019, https://positivepsychology.com/what-is-peak-end-theory/.

第十一章

1. Ayala Malach Pines, Falling in Love: *Why We Choose the Lovers We Choose* (Taylor & Francis, 2005), 25.
2. Robert B. Zajonc, "Attitudinal Effects of Mere Exposure," *Journal of Personality and Social Psychology* 9, no. 2 (1968): 1–27.
3. Paul W. Eastwick and Lucy L. Hunt, "Relational Mate Value: Consensus and Uniqueness in Romantic Evaluations," *Journal of Personality and Social Psychology* 106, no. 5 (2014): 728–51.

第十二章

1. Demetri Martin, *These Are Jokes*, Comedy Central Records, 2006.
2. Tiffany A. Ito et al., "Negative Information Weighs More Heavily on the Brain: The Negativity Bias in Evaluative Categorizations," Journal of Personality and Social Psychology 75, no. 4 (October 1998): 887–900.
3. "Fundamental Attribution Error—Biases & Heuristics," The Decision Lab, accessed April 5, 2020, https://thedecisionlab.com/biases / fundamental-attribution-error/.
4. Lee Ross, "The Intuitive Psychologist and His Shortcomings: Distortions in the Attribution Process," *Advances in Experimental Social Psychology* 10 (1977): 173–220.
5. Shawn Achor, "The Happiness Advantage: Linking Positive Brains to Performance," TEDx Talks, 12:29, June 30, 2011, https://www.youtube.com/watch?v=GXy__kBVq1M&t=512s.
6. Alain de Botton, interview by Logan Ury, Los Angeles, February 21, 2019.
7. Eric J. Johnson and Daniel G. Goldstein, "Do Defaults Save Lives?," *SSRN Scholarly Paper* (Rochester, NY: Social Science Research Network, November 21, 2003), https://papers.ssrn.com/abstract=1324774.
8. Helen Fisher, interview by Logan Ury, New York City, April 2, 2019.
9. Thomas S. Ferguson, "Who Solved the Secretary Problem?," *Statistical Science* 4, no. 3 (1989): 282–89.
10. Daryl J. Bem, "Self-Perception Theory," *Advances in Experimental Social Psychology*, ed. Leonard Berkowitz, vol. 6 (Academic Press, 1972), 1–62.
11. Caroline E. Jenkinson et al., "Is Volunteering a Public Health Intervention? A Systematic Review and Meta-Analysis of the Health and Survival of Volunteers," *BMC Public Health* 13, no. 1 (August 23, 2013): 773.

第十三章

1. Amar Cheema and Dilip Soman, "The Effect of Partitions on Controlling Consumption," *Journal of Marketing Research* 45, no. 6 (December 2008): 665–75.
2. Jesse Owen, Galena K. Rhoades, and Scott M. Stanley, "Sliding Versus Deciding in Relationships: Associations with Relationship Quality, Commitment, and Infidelity," *Journal of Couple & Relationship Therapy* 12, no. 2 (April 2013): 135–49.
3. Galena K. Rhoades and Scott M. Stanley, "What Do Premarital Experiences Have to Do with Marital Quality Among Today's Young Adults?," *National Marriage Project* (2014): 5.
4. Owen, Rhoades, and Stanley, "Sliding Versus Deciding in Relationships: Associations with Relationship Quality, Commitment, and Infidelity."
5. Meg Jay, "The Downside of Cohabiting Before Marriage," *New York Times*, Opinion, April 14, 2012.
6. "Views on Marriage and Cohabitation in the U.S.," Pew Research Center's Social & Demographic Trends Project, November 6, 2019, https://www.pewsocialtrends.org/2019/11/06/marriage-and-cohabita tion-in-the-u-s/.
7. Galena K. Rhoades, Scott M. Stanley, and Howard J. Markman, "The Pre-Engagement Cohabitation Effect: A Replication and Extension of Previous Findings," *Journal of Family Psychology* 23, no. 1 (2009): 107–11.
8. David Popenoe and Barbara Dafoe Whitehead, "What Do Premarital Experiences Have to Do with Marital Quality Among Today's Young Adults?," *The National Marriage Project* (2): 2002.
9. William Samuelson and Richard Zeckhauser, "Status Quo Bias in Decision Making," *Journal of Risk and Uncertainty* 1, no. 1 (March 1988): 7–59.
10. Emily Esfahani Smith and Galena Rhoades, "In Relationships, Be Deliberate," *The Atlantic, August* 19, 2014, https://www.theatlantic .com/health/archive/2014/08/in-relationships-be-deliberate/378713/.

第十四章

1. Daniel Kahneman and Amos Tversky, eds., *Choices, Values, and Frames* (UK: Cambridge University Press, 2000), 704.
2. Philip Brickman, Dan Coates, and Ronnie Janoff-Bulman, "Lottery Winners and Accident Victims: Is Happiness Relative?," *Journal of Personality and Social Psychology* 36, no. 8 (1978): 917–27.

3. Hal R. Arkes and Catherine Blumer, "The Psychology of Sunk Cost," *Organizational Behavior and Human Decision Processes* 35, no. 1 (February 1, 1985): 124–40.
4. Daniel Kahneman and Amos Tversky, "Prospect Theory: An Analysis of Decision Under Risk," *Econometrica; Menasha, Wis*. 47, no. 2 (March 1, 1979): 263.
5. Andy Ackerman, "The Bizarro Jerry," *Seinfeld* (Shapiro/West Productions, Castle Rock Entertainment, October 3, 1996).
6. Andy Ackerman, "The Engage- ment," Seinfeld (Shapiro/West Productions, Castle Rock Entertainment, September 21, 1995).
7. Tom Cherones, "The Phone Message" (Shapiro/West Productions, Castle Rock Entertainment, February 13, 1991).
8. Helen Fisher, "The Nature of Romantic Love," *Journal of NIH Research* 6, no. 4 (1994): 59–64.
9. Eli J. Finkel, *The All-or-Nothing Marriage: How the Best Marriages Work* (New York: Dutton, 2017), 231.
10. John Gottman, "Debunking 12 Myths About Relationships," Gottman Institute, May 13, 2016, https:// www.gottman.com/blog/ debunking-12-myths-about-relationships/.

第十五章

1. Annamaria Lusardi, ed., *Overcoming the Saving Slump: How to Increase the Effectiveness of Financial Education and Saving Programs* (Chicago: University of Chicago Press, 2008).
2. BJ Fogg, "Motivation," Fogg Behavior Model, accessed April 5, 2020, https://www.behaviormodel.org /motivation.
3. Gail Matthews, "Goal Research Summary," paper presented at the 9th Annual International Conference of the Psychology Research Unit of Athens Institute for Education and Research (ATINER), Athens, Greece, 2015.
4. Dan Ariely and Klaus Wertenbroch, "Procrasti- nation, Deadlines, and Performance: Self-Control by Precommitment," Psychological Science 13, no. 3 (May 2002): 219–24.
5. Suzanne B. Shu and Ayelet Gneezy, "Procrastination of Enjoyable Experiences," *Journal of Marketing Research* 47, no. 5 (October 2010): 933–44.
6. David W. Nickerson and Todd Rogers, "Do You Have a Voting Plan?: Implementation Intentions, Voter Turnout, and Organic Plan Making," *Psychological Science* 21, no. 2 (February 2010): 194–99.
7. Doron Menashe and Mutal E. Shamash, "The Narrative Fallacy," *International Commentary on Evidence* 3, no. 1 (January 16, 2006).
8. Kevin D. McCaul, Verlin B. Hinsz, and Harriette S. McCaul, "The Effects of Commitment to Performance Goals on Effort," *Journal of*

Applied Social Psychology 17, no. 5 (May 1987): 437–52.

9. Gretchen Rubin, *Better Than Before: Mastering the Habits of Our Everyday Lives* (New York: Crown Publishers, 2015).
10. Stephanie Manes, "Making Sure Emotional Flooding Doesn't Capsize Your Relationship," Gottman Institute, August 4, 2013, https://www.gottman.com/blog/making-sure-emotional-flooding -doesnt-capsize-your-relationship/.
11. Homer and Robert Fagles, *The Odyssey* (London: Penguin, 1997).
12. Nava Ashraf, Dean Karlan, and Wesley Yin, "Tying Odysseus to the Mast: Evidence from a Commitment Savings Product in the Philippines," *Quarterly Journal of Economics* 121, no. 2 (2006): 635–72.
13. Delia Cioffi and Randy Garner, "On Doing the Decision: Effects of Active Versus Passive Choice on Commitment and Self-Perception," *Personality and Social Psychology Bulletin* 22, no. 2 (February 1996): 133–47.
14. Charles Duhigg, *The Power of Habit: Why We Do What We Do in Life and Business* (New York: Random House Trade Paperbacks, 2014).
15. Alain de Botton, interview by Logan Ury, Los Angeles, February 21, 2019.

第十六章

1. Barbara J. McNeil et al., "On the Elicitation of Preferences for Alternative Therapies," *New England Journal of Medicine* 306, no. 21 (May 1982): 1259–62.
2. Scott Plous, *The Psychology of Judgment and Decision Making* (New York: McGraw-Hill, 1993).
3. Claudia C. Brumbaugh and R. Chris Fraley, "Too Fast, Too Soon? An Empirical Investigation into Rebound Relationships," *Journal of Social and Personal Relationships* 32, no. 1 (February 2015): 99–118.
4. Helen E. Fisher et al., "Reward, Addiction, and Emotion Regulation Systems Associated with Rejection in Love," *Journal of Neurophysiology* 104, no. 1 (July 2010): 51–60.
5. Arthur Aron et al., "Reward, Motivation, and Emotion Systems Associated with Early-Stage Intense Romantic Love," *Journal of Neurophysiology* 94, no. 1 (July 1, 2005): 327–37.
6. Helen Fisher, "Lost Love: The Nature of Romantic Rejection," *in Cut Loose: (Mostly) Older Women Talk About the End of (Mostly) Long-Term Relationships*, ed. Nan Bauer-Maglin (New Brunswick, NJ: Rutgers University Press, 2006), 182–95.
7. Tiffany Field, "Romantic Breakups, Heartbreak and Bereavement," *Psychology* 2, no. 4 (July 2011): 382–87.
8. Roy Baumeister, Jean Twenge, and Christopher Nuss, "Effects of Social Exclusion on Cognitive Processes: Anticipated Aloneness

Reduces Intelligent Thought," *Journal of Personality and Social Psychology* 83 (November 1, 2002): 817–27.

9. Matthew Larson, Gary Sweeten, and Alex R. Piquero, "With or Without You? Contextualizing the Impact of Romantic Relationship Breakup on Crime among Serious Adolescent Offenders," *Journal of Youth and Adolescence* 45, no. 1 (January 2016): 54–72.

10. Stephen B. Kincaid and Robert A. Caldwell, "Initiator Status, Family Support, and Adjustment to Marital Separation: A Test of an Interaction Hypothesis," *Journal of Community Psychology* 19, no. 1 (1991): 79–88.

11. Daniel Kahneman and Amos Tversky. "Prospect Theory: An Analysis of Decision Under Risk," *Econometrica; Menasha, Wis*. 47, no. 2 (March 1, 1979): 263.

12. Pat Vaughan Tremmel, "Breaking Up May Not Be as Hard as the Song Says," *Northwestern University News*, August 21, 2007, https://www.northwestern.edu/newscenter/stories/2007/08/breakup.html.

13. Paul W. Eastwick et al., "Mispredicting Distress Following Romantic Breakup: Revealing the Time Course of the Affective Forecasting Error," *Journal of Experimental Social Psychology* 44, no. 3 (2008): 800–807.

14. Gary Lewandowski Jr., and Nicole Bizzoco, "Addition Through Subtraction: Growth Following the Disso- lution of a Low Quality Relationship," *Journal of Positive Psychology* 2 (January 1, 2007): 40–54.

15. Gary W. Lewandowski, "Promoting Positive Emotions Following Relationship Dissolution Through Writing," *Journal of Positive Psychology* 4, no. 1 (2009): 21–31.

16. Sandra J. E. Langeslag and Michelle E. Sanchez, "Down-Regulation of Love Feelings after a Romantic Break-up: Self-Report and Electrophysiological Data," *Journal of Experimental Psychology: General* 147, no. 5 (2018): 720–33.

17. Erica B. Slotter, Wendi L. Gardner, and Eli J. Finkel, "Who Am I Without You? The Influence of Romantic Breakup on the Self-Concept," *Personality & Social Psychology Bulletin* 36, no. 2 (December 2009): 147–60.

18. Gary Lewandowski, "Break-Ups Don't Have to Leave You Broken," TEDxNavesink, New Jersey, 11:30, April 11, 2015.

19. Diane Vaughan, Uncoupling: *Turning Points in Intimate Relationships* (New York: Vintage, 1990).

20. Claudia C. Brumbaugh and R. Chris Fraley, "Too Fast, Too Soon? An Empirical Investigation into Rebound Relationships," *Journal of Social and Personal Relationships* 32, no. 1 (February 1, 2015): 99–118.

21. Ty Tashiro and Patricia Frazier, " 'I'll Never Be in a Relationship Like That Again': Personal Growth Following Romantic Relationship Breakups," *Personal Relationships* 10, no. 1 (2003): 113–28.

22. Viktor E. Frankl, *Man's Search for Meaning: An Introduction to Logotherapy* (Boston: Beacon Press, 1963), 117.

23. Lewandowski, "Break-Ups Don't Have to Leave You Broken."

第十七章

1. Maggie Gallagher, "Why Marriage Is Good for You," *City Journal,* Autumn 2000, https://www.city-journal.org/html/why-mar riage-good-you-12002.html.
2. George Bernard Shaw, *Getting Married* (New York: Brentano's, 1920), 25.
3. H. E. Fisher, "Lust, Attraction, and Attachment in Mammalian Reproduction," *Human Nature* (Hawthorne, NY) 9, no. 1 (March 1998): 23–52.
4. Andrew Francis-Tan and Hugo M. Mialon, " 'A Diamond Is Forever' and Other Fairy Tales: The Relationship Between Wedding Expenses and Marriage Duration," SSRN Scholarly Paper (Rochester, NY: Social Science Research Network, September 15, 2014).
5. 同上。
6. Philip N. Cohen, "The Coming Divorce Decline," *Socius* 5, vol. 5 (January 1, 2019), https://doi .org/10.1177/2378023119873497.
7. Naomi Schaefer Riley, "Interfaith Marriages: A Mixed Blessing," *New York Times*, April 5, 2013.
8. Lee Ross, David Greene, and Pamela House, "The 'False Consensus Effect': An Egocentric Bias in Social Perception and Attribution Processes," *Journal of Experimental Social Psychology* 13, no. 3 (May 1977): 279–301.
9. Esther Perel, "The Secret to Desire in a Long-Term Relationship," TEDSalon, New York, 19:02, February 2013.
10. Jesse Owen, Galena K. Rhoades, and Scott M. Stanley, "Sliding Versus Deciding in Relationships: Associations with Relationship Quality, Commitment, and Infidelity," *Journal of Couple & Relationship Therapy* 12, no. 2 (April 2013): 135–49.

第十八章

1. Eli J. Finkel, *The All-or-Nothing Marriage: How the Best Marriages Work* (New York: Dutton, 2017), 174.
2. 同上。
3. Jody VanLaningham, David R. Johnson, and Paul Amato, "Marital Happiness, Marital Duration, and the U-Shaped Curve: Evidence from a Five-Wave Panel Study," *Social Forces* vol. 79, no. 4 (June 2001): 1313–1341.
4. Tom W. Smith, Jaesok Son, and Benjamin Schapiro, "General Social Survey Final Report: Trends in Psychological Well-Being, 1972-

2014," NORC at the University of Chicago, Chicago (April 2015).

5. Leon C. Meggison, "Lessons from Europe for American Business," *Southwestern Social Science Quarterly* 44, no. 1 (1963): 3–13.

6. Jordi Quoidbach, Daniel T. Gilbert, and Timothy D. Wilson, "The End of History Illusion," *Science* 339, no. 6115 (January 4, 2013): 96–98.

7. 同上。

8. Paul R. Amato, "Research on Divorce: Continuing Trends and New Developments," *Journal of Marriage and Family* 72, no. 3 (June 18, 2010): 651.

9. Jesse Owen, Galena K. Rhoades, and Scott M. Stanley, "Sliding Versus Deciding in Relationships: Associations with Relationship Quality, Commitment, and Infidelity," *Journal of Couple & Relationship Therapy* 12, no. 2 (April 2013): 135–49.

10. John F. Kennedy, State of the Union Address, January 1., 1962, Miller Center, accessed April 5, 2020, https://miller center.org/the-presidency/presidential-speeches/january-11-1962-state-union-address.

11. Esther Perel, "The Future of Love, Lust, and Listening," SXSW, March 9, 2018, Austin, Texas, 55:12.

附錄

1. Mark Oppenheimer, "Married, With Infidelities," New York Times, June 30, 2011.

2. Ellie Lisitsa, "An Introduction to Emotional Bids and Trust," The Gottman Institute, August 31, 2012. https://www.gottman.com/blog/an-introduction-to-emotional-bids-and-trust/.

3. Gary D. Chapman, *The Five Love Languages: How to Express Heartfelt Commitment to Your Mate* (Chicago: Northfield Publish- ing, 2004).

4. Ellie Lisitsa, "The Four Horsemen: Criticism, Contempt, Defensiveness, and Stonewalling," The Gottman Institute, April 23, 2013, https://www.gottman.com/blog/the-four-horsemen-recognizing-criticism-contempt-defensiveness-and-stonewalling/.

5. Stephanie Manes, LCSW, "Making Sure Emotional Flooding Doesn't Capsize Your Relationship," The Gottman Institute, August 3, 2013, https://www.gottman.com/blog/making-sure-emotional-flooding-doesnt-capsize-your-relationship/.

6. Dan Savage, "Savage Love," *The Stranger*, January 8, 2004, https://www.thestranger.com/seattle/SavageLove?oid=16799.

國家圖書館出版品預行編目資料

哈佛×Google行為科學家的脫單指南／洛根．尤里（Logan Ury）著；孔令新譯. -- 初版. -- 臺北市：商周出版：英屬蓋曼群島商家庭傳媒股份有限公司城邦分公司發行, 民110.07

面；　公分

譯自：How to not die alone : The surprising science that will help you find love

ISBN　978-986-0734-85-0（平裝）

1. 兩性關係　2. 戀愛

544.7　　110008797

BO0328

哈佛×Google行為科學家的脫單指南

原著書名／How to Not Die Alone: The Surprising Science That Will Help You Find Love
原作者／洛根．尤里（Logan Ury）
譯者／孔令新
企劃選書／黃鈺雯
責任編輯／周汶嫻
版權／黃淑敏、吳亭儀
行銷業務／周佑潔、林秀津、黃崇華、劉治良、賴晏汝

總編輯／陳美靜
總經理／彭之琬
事業群總經理／黃淑貞
發行人／何飛鵬
法律顧問／元禾法律事務所　王子文律師
出版／商周出版
115台北市南港區昆陽街16號4樓
電話：(02) 2500-7008 傳真：(02) 2500-7579
E-mail：bwp.service@cite.com.tw
Blog：http://bwp25007008.pixnet.net/blog
發行／英屬蓋曼群島商家庭傳媒股份有限公司　城邦分公司
115台北市南港區昆陽街16號8樓
讀者服務專線：0800-020-299　24小時傳真服務：(02) 2517-0999
讀者服務信箱E-mail: cs@cite.com.tw　劃撥帳號：19833503
戶名：英屬蓋曼群島商家庭傳媒股份有限公司城邦分公司
訂購服務／書虫股份有限公司客服專線：(02) 2500-7718；2500-7719
服務時間：週一至週五上午09:30-12:00；下午13:30-17:00
24小時傳真專線：(02) 2500-1990；2500-1991
劃撥帳號：19863813　戶名：書虫股份有限公司
E-mail: service@readingclub.com.tw
香港發行所／城邦（香港）出版集團有限公司
香港九龍土瓜灣土瓜灣道86號順聯工業大廈6樓A室
E-mail：hkcite@biznetvigator.com
電話：(852)2508-6231　傳真：(852)2578-9337
馬新發行所／城邦（馬新）出版集團【Cite (M) Sdn. Bhd.】
41, Jalan Radin Anum, Bandar Baru Sri Petaling, 57000 Kuala Lumpur, Malaysia
電話：(603)9056-3833　傳真：(603)9057-6622
E-mail：services@cite.my

封面設計／黃宏穎　內文設計排版／唯翔工作室
印刷／韋懋實業有限公司
總經銷／聯合發行股份有限公司　電話：(02) 2917-8022　傳真：(02) 2911-0053
地址：新北市新店區寶橋路235巷6弄6號2樓

■ 2021年（民110年）7月初版一刷
■ 2024年（民113年）9月初版8.1刷

Printed in Taiwan

城邦讀書花園
www.cite.com.tw

定價／400元　ISBN：978-986-0734-85-0